# INSTRUMENTS DE MUSIQUE

PAR

M. FÉTIS

PARIS

IMPRIMERIE ET LIBRAIRIE ADMINISTRATIVES DE PAUL DUPONT

45, RUE DE GRENELLE-SAINT-HONORÉ, 45

1867

# INSTRUMENTS DE MUSIQUE

EXPOSITION UNIVERSELLE DE 1867

A PARIS

RAPPORTS DU JURY INTERNATIONAL

PUBLIÉS SOUS LA DIRECTION

DE M. MICHEL CHEVALIER



# INSTRUMENTS DE MUSIQUE

PAR

M. FÉTIS

PARIS

IMPRIMERIE ET LIBRAIRIE ADMINISTRATIVES DE PAUL DUPONT

45, RUE DE GRENELLE-SAINT-HONORÉ, 45

1867

# INSTRUMENTS

# DE MUSIQUE

## CHAPITRE I.

### INSTRUMENTS A CLAVIERS.

#### § 1. — Orgues d'église et de chapella.

Le plus beau, le plus puissant, le plus complet et le plus compliqué de tous les instruments, l'orgue, est composé de trois parties distinctes, essentielles, dont le perfectionnement a été l'objet des recherches et des travaux des facteurs les plus habiles de l'Europe, particulièrement dans le XIX^e^ siècle; ces parties de l'instrument sont : 1° la mécanique des claviers et de leurs accouplements; 2° la soufflerie; 3° la diversité des jeux ou voix, et leurs dispositions sur les sommiers.

Parmi les grandes orgues placées à l'Exposition, le jury a particulièrement distingué le grand orgue de la nouvelle église Saint-Epvre de Nancy, tant à cause de son importance au point de vue de la puissance sonore que du mérite de conception et d'exécution de ses diverses parties. Construit dans les ateliers de la Société anonyme pour la fabrication des grandes orgues (établissement Merklin-Schütze), ce bel instrument, composé de quarante-quatre jeux, est disposé comme il suit :

| | | | |
|---|---|---|---|
| 1° Un clavier, | dit *positif*, de 56 notes, composé | de 10 | jeux. |
| 2° — | dit *grand orgue*, de 56 notes. . | de 15 | — |
| 3° — | dit *récit expressif*, de 56 notes, | de 10 | — |
| 4° — | pédalier, de 27 notes.......... | de 9 | — |
| | Total........... | 44 | jeux. |

5° Une série de pédales d'accouplement et de combinaison.

Les jeux distribués sur les quatre claviers sont ceux-ci :

**Positif :**

| | | |
|---|---|---|
| 1. Bourdon........................ | de 16 | pieds. |
| 2. Principal........................ | 8 | — |
| 3. Bourdon........................ | 8 | — |
| 4. Salicional........................ | 8 | |
| 5. Viole de gambe........................ | 8 | — |
| 6. Flûte harmonique........................ | 4 | — |
| 7. Prestant........................ | 4 | — |
| 8. Clochette (deux tuyaux)................ | 2 | — |

JEUX DE COMBINAISON.

| | | |
|---|---|---|
| 9. Clarinette........................ | 8 | — |
| 10. Trompette........................ | 8 | — |

**Grand orgue.**

| | | |
|---|---|---|
| 1. Principal........................ | 16 | — |
| 2. Bourdon........................ | 16 | — |
| 3. Montre........................ | 8 | — |
| 4. Bourdon........................ | 8 | — |
| 5. Flûte harmonique........................ | 8 | — |
| 6. Gambe........................ | 8 | — |
| 7. Dulciana........................ | 8 | — |
| 8. Flûte octaviante........................ | 4 | — |
| 9. Prestant........................ | 4 | — |
| 10. Quinte-flûte........................ | 3 | — |

JEUX DE COMBINAISON.

| | | |
|---|---|---|
| 11. Fourniture progressive................ | 4 | — |
| 12. Grand cornet........................ | 8 | — |
| 13. Bombarde........................ | 16 | — |
| 14. Trompette........................ | 8 | — |
| 15. Clairon........................ | 4 | — |

Récit expressif.

1. Flûte harmonique........................ 8 pieds.
2. Voix céleste.......................... 8 —
3. Gambe................................. 8 —
4. Bourdon............................... 8 —
5. Flûte octaviante...................... 4 —

JEUX DE COMBINAISON.

6. Flageolet............................. 2 —
7. Basson................................ 16 —
8. Hautbois et basson.................... 8 —
9. Trompette harmonique.................. 8 —
10. Voix humaine......................... 8 —

Pédalier.

1. Sous-basse............................ 32 —
2. Grosse-flûte.......................... 16 —
3. Sous-basse............................ 16 —
4. Octave-basse.......................... 8 —
5. Violoncelle........................... 8 —
6. Flûte................................. 4 —

JEUX DE COMBINAISON.

7. Bombarde.............................. 16 —
8. Trompette............................. 8 —
9. Clairon............................... 4 —

PÉDALES D'ACCOUPLEMENT ET DE COMBINAISON.

Tonnerre.

1. Pédales pour réunir la basse du 1er clavier (positif) au pédalier.
2. — — — 2e — (grand orgue) au pédalier.
3. — — — 3e — (récit expressif) au pédalier.
4. Pédales pour réunir le 1er clavier au grand orgue.
5. — — le grand orgue à la machine pneumatique.
6. — — le 3e clavier (récit) au grand orgue.
7. — — le 3e clavier au grand orgue, à l'octave grave.
8. Pédales d'appel des jeux de combinaison du 1er clavier.
9. — — — du 2e —
10. — — — du 3e —
11. — — — du pédalier.
12. — de *forte* général pour ouvrir et fermer les pédales de combinaison de tous les claviers.
13. Pédale d'expression.

Trémolo.

Dans cette disposition des jeux ou registres, le choix des

timbres est fait avec intelligence ; les basses n'étouffent pas les voix supérieures, défaut trop ordinaire dans la plupart des grandes orgues. L'organiste y peut trouver des moyens de variété presque inépuisables pour ses inspirations, bien que les jeux ne soient pas multipliés à l'excès dans cet instrument comme dans d'autres grandes orgues, où ils sont au nombre de soixante-dix, quatre-vingts et même jusqu'à cent. Ce luxe inutile de l'ancienne facture ne s'obtenait que par le redoublement des mêmes jeux, de grosse et de petite-taille, ainsi que par l'abus des jeux de mutation, tels que les *mixtures, cymbales, cornets* à tous les claviers, *nazards et tierces*, dont les harmoniques multipliées anéantissaient la véritable harmonie de l'orgue. L'établissement Merklin et Schütze se distingue spécialement par ce mérite de produire autant d'effet et d'avoir autant de puissance, par la réunion de quarante à quarante-cinq jeux, que d'autres facteurs avec un tiers de plus.

Les divers perfectionnements introduits dans la facture moderne des orgues se trouvent tous réunis dans l'instrument sorti des ateliers Merklin-Schütze (Paris), à savoir :

1° Soufflerie à diverses pressions, avec réservoirs et régulateurs indépendants ;

2° Application du système des doubles layes aux sommiers ;

3° Application du levier pneumatique complet au grand orgue, et spécial à chaque clavier ;

4° Simplicité et promptitude des mouvements dans le mécanisme ;

5° Disposition par groupes et par séries des pédales d'accouplement et de combinaison ;

6° Réunion des jeux de divers systèmes de facture, et perfection de leur harmonie.

On sait que les jeux de l'orgue se distinguent en trois familles principales, dont la première renferme tous les jeux de flûte, ou à bouche, de 32, 16, 8, 4 et 2 pieds, et qu'on désigne par le nom de *jeux de fond;* la deuxième comprend tous les eux dont le son se forme par les vibrations d'une languette de cuivre, ou anche, contre les parois du pied des tuyaux ; on leur donne le nom de *jeux d'anche ;* enfin, la troisième famille est celle des jeux dits *de mutation*, lesquels sont composés de plusieurs tuyaux répondant à la même touche, et accordés par octaves et quintes, ou octaves et quartes. Ces diverses familles de jeux exigent des pressions de vent différentes pour la bonne harmonie de leur ensemble : c'est ainsi que dans l'orgue Merklin-Schütze la pression est de 0m10 pour les jeux de fond, et de 0m12 pour les jeux d'anche et de mutation. Pour le fonctionnement des appareils pneumatiques, la pression est de 0m14.

Ces différentes pressions sont obtenues par un double système de pompes d'alimentation, par des réservoirs indépendants, et par des soufflets régulateurs qui sont en relation avec les soufflets réservoirs, au moyen de soupapes régulatrices ; ce sont ces soufflets qui distribuent le vent entre les divers sommiers et leurs jeux respectifs.

Le système de soufflerie à diverses pressions, qui peut être considéré comme une des plus précieuses conquêtes de la facture d'orgue moderne, a rendu nécessaire la division des sommiers en plusieurs layes. Cette division a pour but de faire résonner les différentes familles de jeux selon leur vrai caractère et dans toute leur puissance.

Lorsqu'on veut faire entendre un grand instrument de cette espèce, on réunit tous les jeux des divers claviers sur un seul par les pédales d'accouplement ; dans ce cas, un grand nombre de soupapes sont mises en mouvement et offrent une grande résistance ; pour vaincre cette résistance, M. Barker a produit son admirable invention du levier pneumatique, tombé dans le domaine public, et dont la plupart des facteurs d'orgues français et belges font usage aujourd'hui. Toutefois, il a été reconnu que le levier pneumatique seul n'est pas suffisant pour triompher complétement de la résistance, lorsque tous les claviers sont accouplés. MM. Merklin-Schütze et Cie ont fait disparaître cette imperfection par l'application d'une série de soufflets pneumatiques à chaque sommier à double laye, lesquels ont pour effet d'imprimer aux mouvements de chaque clavier autant de légèreté que de précision. Ainsi soulagée la machine pneumatique fait mouvoir, avec autant de célérité que de régularité, les accouplements et l'ensemble du mécanisme, de telle sorte que les doigts de l'organiste trouvent sur le clavier la même légèreté que sur un bon piano.

Les facteurs de l'orgue de Nancy ont classé avec ordre les pédales d'accouplement et de combinaison à l'aide desquelles l'organiste dispose, sans peine et sans ôter les mains du clavier, de toutes les ressources de puissance, d'expression et de variété, que lui offre l'instrument. En les rangeant par groupes d'effets analogues, ils ont rendu faciles les mouvements des pieds de l'artiste exécutant, et soulagé sa mémoire concernant la place de la pédale destinée à l'effet spécial qu'il veut produire.

Le Jury a reconnu avec satisfaction que les facteurs de ce grand instrument lui ont conservé le caractère de l'orgue d'église, conformément à sa destination, au lieu de le surcharger d'effets de fantaisie, dans lesquels le génie du mécanicien peut se faire admirer, mais qui n'entreront jamais dans l'art sérieux. D'ailleurs, la multitude de ressorts, à l'aide desquels se produisent ces effets, ont le grave inconvénient d'occuper exclusivement l'attention de l'organiste, de nuire au libre essor de sa pensée musicale, et même de diminuer le mérite de son exécution. En écoutant un très-habile artiste (1) dans l'exécution de grandes pièces de Bach, sur l'instrument sorti des ateliers Merklin-Schütze, le Jury a constaté que cet orgue a toutes les qualités désirables de puissance, de majesté et de variété. L'examen auquel il a été soumis dans ses détails a démontré qu'il ne laisse rien à désirer pour le fini du travail, ainsi que pour les dispositions intérieures, qui rendent facile l'abord de toutes les parties de l'instrument.

(1) M. Renaud de Vilbac.

Deux autres orgues, construites dans les ateliers de la société anonyme pour la fabrication des grandes orgues (établissement Merklin et Schütze), à Bruxelles, figurent à l'Exposition universelle. Le premier est un instrument composé de deux claviers manuels, d'un pédalier, d'une série de pédales d'accouplement et de combinaison, et de vingt-cinq jeux. Il appartient à la catégorie des orgues désignées sous le nom de *seize-pieds*. La distribution de ses jeux est celle-ci :

1er CLAVIER (grand orgue).

1. Principal.............................. 16 pieds.
2. Montre.............................. 8 —
3. Bourdon.............................. 16 —
4. Bourdon.............................. 8 —
5. Flûte harmonique.............................. 8 —
6. Salicional.............................. 8 —
7. Prestant.............................. 4 —
8. Flûte octaviante.............................. 4 —

JEUX DE COMBINAISON.

9. Fourniture.
10. Bombarde.............................. 16 —
11. Trompette.............................. 8 —
12. Clairon.............................. 4 —

2e CLAVIER (récit expressif).

1. Flûte octaviante.............................. 8 —
2. Gambe.............................. 8 —
3. Dulciana.............................. 8 —
4. Flûte.............................. 4 —
5. Flageolet.............................. 2 —

JEUX DE COMBINAISON.

6. Cornet.
7. Trompette.............................. 8 —
8. Clarinette.............................. 8 —
9. Voix humaine.............................. 8 —

PÉDALIER.

1. Flûte.............................. 16 —
2. Octave basse.............................. 8 —

JEUX DE COMBINAISON.

3. Bombarde.............................. 16 —
4. Trompette.............................. 8 —

*Pédales d'accouplement et de combinaison.*

1. Réunion du grand orgue ou pédalier.
2. — du récit expressif au pédalier.
3. — du récit au grand orgue.
4. Appel des combinaisons du grand orgue.
5. — du récit.
6. — du pédalier.
7. Forte général, ou réunion de tous les jeux.
8. Trémolo.
9. Expression.

Dans des proportions moindres de moitié, et conséquemment dans des conditions de sonorité inférieures à celle du grand orgue de Nancy, celui-ci est néanmoins d'un très-bel effet. Construite d'après les mêmes principes, sa soufflerie est à plusieurs pressions, avec réservoirs et régulateurs; ses sommiers sont à doubles layes; le levier pneumatique y remplit ses fonctions, et toutes les parties du mécanisme y ont un fini remarquable.

Les mêmes ateliers de Bruxelles, dépendant de l'établissement Merklin-Schütze, ont fourni à l'Exposition un petit orgue de chœur ou d'église de petite localité; il est composé d'un clavier à main de 56 notes, d'un clavier pédalier de 25 touches, correspondant au clavier manuel, et de six jeux, dont deux, le bourdon, de 16 pieds, et la trompette sont divisés en deux registres. Ces jeux sont :

| | | |
|---|---|---|
| 1. Montre | 8 | pieds. |
| 2. Bourdon bas | 16 | — |
| 3. Bourdon haut | 16 | — |
| 4. Bourdon | 8 | — |
| 5. Salicional | 8 | — |
| 6. Flûte | 4 | — |
| 7. Trompette basse | 8 | — |
| 8. Trompette haute | 8 | — |

Bien que borné dans ses ressources, et ne renfermant dans l'ensemble de ses jeux que 336 tuyaux grands et petits, ce petit orgue a une certaine ampleur religieuse et sympathique. Tous les perfectionnements de la facture moderne, tant pour la nature des jeux que pour la soufflerie et le fini du mécanisme, s'y trouvent réunis.

Un orgue de petite dimension, placé dans la chapelle du parc de l'Exposition, par M. Cavaillé-Coll, a fixé l'attention par l'excellence de sa sonorité et le fini de toutes ses parties.

Parmi les facteurs d'orgues français, qui ont des instruments à l'Exposition, se trouvent MM. Stolz et fils, de Paris. On a remarqué, en 1855, que ces facteurs, continuant l'ancien système de construction, plaçaient les jeux d'anches sur les mêmes sommiers que les jeux de fond, afin d'occuper moins d'espace et d'établir leurs instruments à meilleur marché que ceux qui sont construits d'après les principes de la facture moderne. Il en résultait un défaut de pureté dans les jeux d'anche, et, en général, une sonorité sèche et peu sympathique. Néanmoins, en considération de certaines qualités accessoires, leur orgue de l'Exposition fut acheté par le gouvernement pour la cathédrale d'Agen, et, depuis lors, ces industriels ont obtenu plusieurs commandes du gouvernement pour de grandes orgues d'églises; il y avait lieu de croire que ces encouragements auraient déterminé MM. Stolz à entrer franchement dans le système perfectionné de la facture moderne; mais à l'audition de l'instrument de l'Exposition actuelle, le Jury n'a pas jugé que les progrès y fussent assez marqués. L'orgue de MM. Stolz est un seize-pieds de 26 jeux ; qu'ils le comparent à celui de l'établissement Merklin-Schütze de 25 jeux, placé près de leur instrument; l'évidence de la supériorité de celui-ci ne leur laissera pas de doute concernant l'avantage qu'il y aurait pour eux à adopter le nouveau système, au lieu de persister dans les anciennes voies.

*Pays étrangers.* — L'Angleterre est en progrès dans la facture des orgues, et l'on pouvait croire qu'elle obtiendrait des succès à l'Exposition dans ce genre de produits; mais il paraît que des difficultés d'installation de ces grandes machines ont découragé plusieurs facteurs, car deux petits instruments se trouvent seuls dans le compartiment qui est réservé à la Grande-

Bretagne. Le premier petit orgue de six jeux est sorti des ateliers de MM. Bevington et fils, de Londres. La sonorité en est très-distinguée ; mais cette œuvre a trop peu d'importance pour la réputation des facteurs ; le souvenir de l'excellent instrument placé par eux à l'Exposition de 1855 n'est pas heureusement sorti de la mémoire des artistes.

MM. Bryceson frères, de Londres, ont construit l'autre orgue du département anglais de l'Exposition. Cet instrument est de dimensions plus grandes que celui de MM. Bevington, mais il ne l'égale pas pour la qualité des jeux. Ses tuyaux sont peints de diverses couleurs, à l'imitation de quelques instruments du moyen âge, dont on a conservé des vestiges.

M. Charles Hesse, de Vienne (Autriche), a exposé un orgue d'église dont les jeux de fond ont de la distinction et de l'ampleur.

### § 2. — Harmoniums et accordéons.

L'harmonium, ou orgue expressif, est un instrument relativement nouveau, quoique son principe, l'*anche libre*, soit connu et mis en pratique en Chine depuis plus de deux mille ans. La première application de ce principe en Europe date de 1810 : elle fut renouvelée en plusieurs pays sous différents noms, et finit par donner naissance à l'*accordéon*, instrument portatif à lavier, dont le succès fut populaire en Allemagne pendant près de quinze ans, et dont le développement a produit l'*harmonium*. L'histoire de celui-ci a été donnée dans le rapport de l'Exposition universelle de 1855 ; il ne s'agit donc ici que de ce qui a été fait depuis cette époque pour le modifier et le perfectionner.

Bien que l'*harmonium* proprement dit ne soit connu que depuis 1840, sa popularité est devenue universelle, et de grands établissements, spécialement destinés à sa production, en ont inondé le monde musical. A la tête de cette industrie se placent, en France, les maisons de MM. Alexandre père et fils, et de M. Debain. Beaucoup d'autres maisons, en France, en

Allemagne, en Angleterre, en Amérique, fabriquent une immense quantité d'harmoniums de tous genres et de toutes dimensions.

Le défaut essentiel, inévitable de l'harmonium, est la monotonie du caractère de sa sonorité. En dépit de tous les efforts pour varier ce caractère par des procédés ingénieux, le défaut subsiste toujours. Il est surtout choquant dans les sons graves, où le frôlement de l'anche est de plus en plus sensible dans les notes les plus basses de l'échelle.

La lenteur de l'entrée en vibration de l'anche, après que le doigt a abaissé la touche, est un autre inconvénient non moins considérable. M. Martin, de Provins, imagina, vers 1850, de faire disparaître ce défaut par la percussion de l'anche, au moyen d'un appareil de petits marteaux ; mais la percussion est elle-même un autre mal, car elle ajoute un bruit au son de l'instrument.

En dépit de ses défauts, l'harmonium ne jouit pas moins d'une vogue immense. Il trouve son emploi dans de petits orchestres, où il remplace les instruments à vent ; dans les églises de petites communes, trop pauvres pour faire la dépense d'un orgue ; dans les sociétés chorales, où il maintient l'accord des voix ; dans les familles de la religion réformée ou protestante, pour l'accompagnement des psaumes et cantiques ; enfin, il est un certain nombre d'amateurs qui confondent cet instrument avec l'orgue et en jouent avec plaisir.

Par les dispositions des cases où sont plongées les lames sonores, et à l'aide du voisinage de tables d'harmonie, le facteur d'harmonium obtient des modifications de sonorité qu'on désigne sous le nom de *jeux*. Ces jeux sont divisés en deux registres qui, suivant qu'ils sont ouverts ou fermés, font entendre ou la partie grave ou la partie aiguë du jeu sous la main de l'artiste. Un harmonium destiné à offrir des ressources variées à l'exécutant, est composé de quatre, cinq ou six jeux complets, représentés par huit, dix ou douze registres. On assimile les noms de ces jeux à ceux de l'orgue à tuyaux ; ainsi on a le *bourdon* et la *clarinette*, le *basson* et le *hautbois*, le *cor anglais* et la *flûte*, le *clairon* et le *fifre*, qui forment quatre jeux suivis. Il y a aussi des demi-jeux de solo, tels que la *musette*, la *voix céleste* et le *baryton*. Dans le grand jeu, les soupapes des divers registres sont ouvertes. Il y a aussi des registres accessoires pour le *forte*, le *trémolo*, l'expression, le grand jeu et la sourdine.

*France.* — Les modifications et les perfectionnements dans la facture des harmoniums, depuis 1855, ont consisté principalement dans l'addition de jeux ou d'effets nouveaux, et dans l'amélioration de certaines parties du mécanisme. MM. Alexandre père et fils, les premiers, ont dépassé le nombre de six jeux; ils en ont même exagéré le nombre. Le quatrième registre solo, appelé *harpe éolienne*, est de l'invention de M. Mustel, autre exposant déjà connu et apprécié en 1855. Excité par cette disposition à augmenter les ressources de l'harmonium, M. Debain a conçu le dessein de donner à cet instrument, par le nombre des jeux et les dimensions des anches, une puissance et une variété de sonorité égales à celles de l'orgue à tuyaux des églises. Bien qu'il fût hors de concours, par la position qu'il avait acceptée, le Jury a pris connaissance des premiers résultats obtenus par cet ingénieux industriel. L'instrument n'était pas achevé, mais le Jury a pu se convaincre, tout en rendant justice au génie de l'inventeur, que, en dépassant les limites ordinaires de l'harmonium, on exagère ses défauts sans parvenir à la possibilité d'égaler l'ampleur sympathique de l'orgue à tuyaux. Le frôlement de l'anche libre trop longue et trop forte des basses, dans un instrument de ce genre, produit une impression désagréable. L'harmonium à six ou sept jeux paraît être la limite où la fabrication de ce genre d'instruments doit s'arrêter.

De bons instruments de cette espèce ont été placés à l'Exposition par plusieurs fabricants de Paris, à la tête desquels se placent MM. Alexandre père et fils, par la multiplicité et la bonne qualité de leurs produits.

M. Mustel, autre exposant, n'est pas, à proprement dire, un fabricant, car le nombre d'instruments qui sortent chaque année de ses mains ne dépasse pas quinze. M. Victor Mustel est un artiste; il porte dans son travail les soins les plus minutieux; toutes les parties de ses instruments se font remarquer par la précision et le fini, et la qualité des sons a une rare distinction.

Un très-bon instrument, qui a les dimensions d'un orchestre et peut remplir les fonctions de l'orgue à tuyaux dans une chapelle, est exposé par la Société anonyme pour la fabrication des grandes orgues (établissements Merklin et Schütze), de France et Belgique. On a loué la puissance de l'ensemble et le caractère spécial des divers registres de ce grand harmonium.

MM. Rodolphe, Christophe et Etienne, et Fournaux, tous fabricants à Paris, ont exposé des harmoniums bien construits. Les qualités estimables de leurs instruments du même genre ont valu des distinctions à MM. Salmon, Schwab et C^ie^, de Paris, ainsi qu'à MM. Conty et Richard, de la même ville.

*Pays étrangers.* — Au nombre des meilleurs harmoniums de l'Exposition universelle, se placent ceux de MM. J. et P. Schiedmayer et de MM. J. Trayser et C^ie^, de Stuttgart (Wurtemberg). Aussi remarquables par leur bonne construction et leur sonorité que par le bon marché, ils sont aussi recherchés dans les pays étrangers que dans toute l'Allemagne. Le chef de la maison Schiedmayer avait été associé au Jury en qualité d'expert.

Depuis longtemps, une grande quantité d'harmoniums s'exportent en Angleterre de la France et de l'Allemagne, et les instruments de ce genre fabriqués chez les Anglais étaient inconnus sur le Continent; mais M. Ramsden, de Londres, a fixé l'attention du Jury par des harmoniums bien faits, d'une sonorité agréable et d'un prix peu élevé.

Jusqu'à ces derniers temps, l'Italie ne paraissait pas s'être occupée de l'harmonium; mais M. Joseph Mola, de Turin, a mis à l'Exposition universelle un instrument de ce genre digne d'intérêt par le caractère de sa sonorité, ainsi que par quelques simplifications dans le mécanisme.

Les États-Unis d'Amérique sont aussi entrés en lutte avec la France, l'Angleterre et l'Allemagne, pour la fabrication des instruments à anches libres. Comme dans d'autres industries, les Américains y ont mis le cachet de leur originalité. MM. Mason et Hamlin, de New-York et Boston, ont à l'Exposition des harmoniums de salon remarquables par leur belle sonorité, où la sécheresse des lames vibrantes disparaît en partie, ainsi que par un nouveau mécanisme d'expression, qu'ils nomment *crescendo automate.* Ce système nouveau a pour objet de rendre l'exécution plus facile et les nuances d'accroissement et de diminution de l'intensité plus progressives. Les facteurs européens obtiennent les avantages de ce *crescendo automate* par le mécanisme de la *double expression*, qui a fait disparaître les secousses du *crescendo*, en isolant la partie chantante de la main droite de l'harmonie de la main gauche, dans l'augmentation et dans la diminution d'intensité; mais l'usage de la double expression exige plus d'habileté de la part de l'exécutant.

Les instruments de MM. Mason et Hamlin se distinguent aussi de ceux des fabriques européennes par le système de l'impulsion donnée aux vibrations des lames, en ce que cette impulsion, au lieu d'être produite par l'insufflation, l'est par l'aspiration. Les inventeurs ont fait en cela l'application à l'harmonium d'un des modes d'impulsion vibratoire de l'*accordéon* qui, comme on sait, résonne sous l'action de l'air produite par la pression du soufflet ainsi que par sa dilatation.

L'accordéon, première application de l'anche libre vibrant sous l'action d'un soufflet, se fabrique encore et se voit dans la classe 10 de l'Exposition universelle; mais il n'a pas progressé depuis vingt ans environ, par la raison qu'il est parvenu aux limites de son développement possible. L'anche libre a reçu d'autres applications de fantaisie, 1° dans le *mélo-*

*phone*, qui fit une assez grande sensation à l'Exposition de 1834, à cause du talent de l'artiste qui en jouait, mais qui, depuis lors, a été abandonné, parce qu'on n'a pu corriger ses nombreuses imperfections; 2° dans le *concertina*; 3° dans l'*harmoni-flûte*. Ces deux derniers instruments sont agréables dans leur domaine limité; de jolis concertinas se trouvent dans le département anglais de l'Exposition. Cet instrument, préférable à l'accordéon, pour le caractère de la sonorité ainsi que pour la rapidité de l'articulation, est très-populaire en Angleterre. MM. Marix et Bié, de Paris, ont exposé des harmoniflûtes bien faits et d'une bonne sonorité ; toutefois, nous n'avons pas considéré ces instruments comme susceptibles d'application dans l'art sérieux.

## § 3. — Pianos.

L'industrie des pianos est, sans aucun doute, la plus universelle et la plus productive. Bien que la statistique n'ait pas encore fixé, même d'une manière approximative, le chiffre des capitaux employés à la fabrication de ces instruments et représenté par la valeur des établissements où ils se confectionnent, il n'y aurait pas d'exagération à évaluer ce chiffre à plusieurs centaines de millions.

L'Angleterre, la France et l'Allemagne ont eu longtemps le privilége de fournir des pianos à l'ancien et au nouveau monde ; aujourd'hui ces instruments se fabriquent partout, et l'Amérique menace l'industrie européenne des pianos d'une rivalité redoutable. Ce résultat a été prévu dans le rapport de l'Exposition universelle de 1855, où il est dit : « L'Amérique « marche à grands pas dans cette voie de production. Telle a « été la rapidité de ses progrès depuis quelques années qu'il « est permis de croire que la fabrication des pianos, dans les « principales villes de l'Union, pourra égaler celle de l'An- « gleterre dans l'espace de dix ans. »

Les fabricants de pianos de toute l'Europe et de l'Amérique

qui ont envoyé leurs produits à l'Exposition universelle sont au nombre de cent cinquante-huit. Leurs instruments atteignent le chiffre de 338, dont 76 pianos à queue, 152 pianos droits ou obliques, et 10 pianos carrés.

Parmi ces instruments de formes et de destinations différentes, celui qui saisit d'abord l'attention est le grand piano de concert. Les qualités qu'on y recherche sont la puissance du son, l'éclat sans sécheresse ; l'égalité dans toute l'étendue du clavier; l'articulation prompte et brillante, unie à la suavité chantante ; enfin, un mécanisme qui réponde à toutes les exigences de l'exécution, soit dans la force, soit dans la légèreté, et qui réalise les diverses nuances du sentiment de l'artiste. Qu'un tel instrument ait jamais existé et qu'il ait satisfait à tant de conditions absolues, c'est ce qu'on n'oserait affirmer : il en est qui ont l'éclat, le timbre incisif, qui portent le son au loin et donnent de la clarté aux traits les plus rapides et les plus compliqués, mais ce timbre métallique est sans charme et ne sait pas chanter; d'autres ont le moelleux, la délicatesse des nuances, mais le son est sans portée dans un vaste local. Quelquefois le son puissant n'est obtenu que par l'artifice d'étouffoirs qui n'étouffent pas assez, d'où résulte la confusion; ou bien le mécanisme étouffe trop, et les vibrations sont courtes. Parfois les sons graves ont trop de puissance et ne laissent pas entendre les dessus. Dans un grand nombre de pianos, les octaves du médium sont plus faibles que les autres; d'autres ont les dernières notes aiguës sèches et sentant le bois. De très-bons pianos, d'ailleurs, sous beaucoup de rapport, ont l'insupportable défaut de faire entendre, sur de belles notes de basse, la septième mineure en harmonie aiguë, parce que le point d'attaque du marteau tombe précisément sur un des nœuds harmoniques de la corde.

Ce qu'on doit conclure de tant d'imperfections qui se rencontrent, soit l'une, soit l'autre, dans des instruments remarquables d'ailleurs, c'est que la construction d'un grand piano, excellent de tout point et sans aucun défaut, est un des problèmes les plus difficiles à résoudre. Pour y atteindre aussi près que possible, une grande expérience est nécessaire, et l'on ne pourrait y apporter des soins trop minutieux.

*Grands pianos. — France.* — Les trois maisons les plus importantes de la fabrication des pianos, Mme Erard (représentée par M. Schœffer), MM. Pleyel, Wolff et Cie, et Henri Herz, ont exposé des instruments d'une grande distinction; toutefois, elles n'ont pu prendre part au concours, parce que leurs chefs avaient accepté la position d'associés du Jury de la classe, en qualité d'experts.

Le grand piano de concert de la maison Érard n'a pas subi de modification depuis le premier spécimen qui en fut fait à Londres en 1829, d'après le nouveau plan de Sébastien Erard. Cet instrument, envoyé à la maison de Paris, servit de modèle pour ceux qu'on y fabriqua; mais, dans les premiers temps, les grands pianos Érard, de Paris, n'égalaient pas les grands pianos Érard, de Londres, parce que les ouvriers français avaient alors moins d'habileté que les ouvriers anglais. Pierre Érard, qui avait dirigé ceux-ci pendant plusieurs années, vint ensuite se fixer à Paris, et sous son impulsion, les instruments qu'on y fabriqua eurent bientôt acquis les qualités qui ont fait leur immense renommée, laquelle s'est maintenue jusqu'à ce jour.

Les grands pianos de concert et de salon de la maison Pleyel, Wolff et Cie, ont progressé depuis l'Exposition de 1855; leur sonorité s'est agrandie et a pris plus de portée; leur mécanisme à répétition a plus de souplesse et de promptitude, et la conception de son échappement est d'une grande simplicité. Ces instruments sont au premier rang dans la fabrication.

M. Henri Herz a conservé, dans la fabrication de ses instruments, la position élevée qu'il a conquise en 1855. Sa célébrité comme virtuose et compositeur avait fait croire alors qu'il avait peu de part dans les produits de ses ateliers, dont on attribuait le mérite à l'habileté d'un contre-maître; cependant, ce contre-maître est sorti de la maison de M. Henri Herz depuis plusieurs années, et les pianos n'ont rien perdu de leurs excellentes qualités. Ce serait une erreur de croire que le talent distingué d'un pianiste n'exerce pas une heureuse influence sur les travaux qui s'exécutent dans la fabrication des instruments auxquels il s'intéresse. Tout le monde sait ce que la grande expérience de Clementi a produit dans la manufacture de pianos qu'il fonda à Londres au commencement de ce siècle ; même résultat s'est fait voir à Paris en 1827, lorsque Kalkbrenner, grand maître sur son instrument, et Camille Pleyel, artiste distingué lui-même et doué d'un sentiment fin et délicat, entreprirent la transformation des instruments de la maison Ignace Pleyel et C^ie^. M. Auguste Wolff, chef aujourd'hui de la même maison, est un ancien lauréat du concours de piano du Conservatoire de Paris. C'est à son expérience de musicien que les produits de ses ateliers sont redevables de leurs derniers succès. Sans la coopération des grands pianistes, sans les exigences de leur talent qu'il a fallu satisfaire, les pianos ne seraient pas parvenus à l'état d'avancement où ils sont aujourd'hui.

Un fabricant nouveau de Paris, M. Philippe-Henri Herz, a exposé plusieurs instruments d'une qualité distinguée, dans le nombre desquels se trouve un grand piano de très-bonne sonorité.

Parmi les facteurs français qui ont pris part au concours pour les grands pianos, on remarque M. Kriegelstein et M. Gaveaux. Leurs instruments sont de bonne qualité, et leur prix est modéré. On n'a pu juger de la qualité des instruments de M. Limonaire, ni de ceux de beaucoup d'autres facteurs, parce qu'ils ont négligé d'être présents dans leur section lors des visites du Jury. Le nom de M. Limonaire n'a donc pu être inscrit parmi ceux des industriels récompensés. Toutefois, le rapporteur ne put refuser à ce fabricant d'aller examiner et entendre ses instruments. Pour réparer, autant qu'il est en son pouvoir, le préjudice causé à l'exposant par ces fâcheuses circonstances, il prend sur sa responsabilité personnelle de déclarer que le grand piano et les autres instruments de cette exposition particulière se font remarquer, non-seulement par leur bonne sonorité, leur égalité et le fonctionnement facile de leur clavier, mais que tous les détails de leur facture se distinguent par une conception intelligente ainsi que par le fini du travail.

*Pays étrangers.* — L'Angleterre est représentée d'une manière splendide à l'Exposition, dans la catégorie des pianos de grand format. A la tête des exposants se place la maison John Broadwood et fils. Quatre grands pianos de concert et de salon, ainsi qu'un piano de demi-queue, ont excité le plus vif intérêt parmi les membres du Jury par leur noble et grandiose sonorité. Cette maison, dirigée aujourd'hui par la troisième génération d'une famille originaire d'Écosse, jouit depuis plus de quatre-vingts ans d'une renommée universelle, par la bonté et la solidité de ses instruments, qui s'exportent, en immense quantité, dans toutes les contrées, nonobstant leur prix élevé. Les pianos placés à la présente Exposition accusent un progrès remarquable.

Après MM. Broadwood viennent MM. Kirkman et fils, puis M. Brinsmead, de Londres, pour la fabrication des grands pianos anglais. La maison Kirkman est une des plus anciennes et des plus estimées de la Grande-Bretagne pour ce genre d'instruments, et le chiffre de ses affaires est considérable. M. Brinsmead est plus jeune dans cette industrie, mais il construit ses instruments avec beaucoup de soin. Il a inventé un nouveau système de mécanisme très-ingénieux pour la répétition rapide des notes sur le clavier.

Aucun piano fabriqué dans les États-Unis d'Amérique n'avait paru en Europe avant 1851 ; alors MM. Chickering et fils, de Boston, envoyèrent à l'Exposition internationale de Londres un piano carré de très-grande dimension, à cordes croisées, dont le son avait une puissance remarquable. A cette Exposition, Pierre Érard avait fait des efforts extraordinaires pour triompher de tous ses concurrents, et rien n'avait été négligé pour absorber sur ses instruments l'attention générale et assurer le succès qu'il ambitionnait. L'instrument de M. Chickering ne produisit pas alors l'effet qu'il méritait, comme en jugea alors celui qui écrit ce rapport. Pendant et après l'Exposition, on ne parla pas du piano américain.

Soit qu'ils eussent été mécontents du résultat obtenu par eux à Londres, soit que leur attention fût détournée par quelque intérêt plus important, MM. Chickering n'envoyèrent pas de piano à l'Exposition universelle de Paris, en 1855; mais on y vit un piano carré de très-grande dimension, sous le nom de M. Ladd, de Boston. Cet instrument à cordes croisées et à double table d'harmonie était remarquable par la puissance et l'égalité des sons; mais sa forme, qui n'était plus de mode, fut cause qu'on ne lui prêta pas non plus l'attention qu'il méritait. D'ailleurs, personne ne le jouait; il resta oublié, sauf du rapporteur de l'Exposition, qui mentionna ses qualités.

Il n'y eut pas autant d'indifférence à l'Exposition internationale de Londres (1862), où MM. Steinway père et fils avaient envoyé plusieurs instruments, parmi lesquels se trouvait un grand piano de concert. Un des fils de M. Steinway avait accompagné ces instruments à l'Exposition; il les fit jouer incessamment, et le public, charmé par leur grand son, ne cessa de s'amasser en foule pendant plusieurs mois dans le compartiment qui les contenait. Le Jury ne fut pas moins intéressé que le public par la puissance et le charme de ces pianos, particulièrement par le piano carré, égal en sonorité aux plus beaux pianos à queue. Il a été rendu compte alors dans la *Gazette musicale de Paris* (quatrième lettre sur les instruments de l'Exposition internationale de Londres) de l'effet produit par ces pianos. La récompense unique de cette Exposition fut décernée à MM. Steinway.

Le retentissement qu'eut en Amérique le succès obtenu par

ces industriels détermina MM. Chickering à envoyer en Angleterre et en Allemagne plusieurs grands pianos, sur lesquels ils sollicitèrent l'attention des artistes les plus renommés ; déjà les virtuoses Gottschalk et Thalberg en avaient fait beaucoup d'éloges, pendant leur séjour dans les États-Unis. A ces noms s'ajoutèrent ensuite ceux de Léopold de Meyer, d'Alfred Jacl, de Benedict, de M^me Arabella Goddard, de Moscheles, de Balfe et de beaucoup d'autres.

La lutte entre les deux plus grands établissements de fabrication de pianos américains, à savoir de MM. Steinway et Chickering, s'est produite avec un caractère fiévreux dans l'Exposition universelle actuelle de Paris : elle n'a pas eu toujours la dignité convenable ; on a usé et abusé des réclames de journaux ; mais on ne peut méconnaître le vif intérêt qu'a pris à cette lutte la foule prodigieuse qui n'a cessé de se réunir autour de ces instruments lorsquon y jouait. Évidemment, il y avait là quelque chose de nouveau qui impressionnait le public ; ce *nouveau* était une puissance de son auparavant inconnue. Ce n'est pas à dire que ce son formidable ne rencontrât que des éloges ; les partisans de la facture européenne des pianos reprochaient aux Américains de lui avoir sacrifié toutes les autres nécessités de l'art : le moelleux, les nuances délicates et la clarté. D'autres disaient que ce grand son nonseulement n'est pas nécessaire pour exécuter la musique de Mozart, de Beethoven et d'autres maîtres du premier ordre, mais qu'il y serait nuisible. On peut répondre à ces amateurs de la musique classique par ces paroles du rapporteur de la classe des instruments de musique à l'Exposition de 1855 :

« Il y a toujours quelque chose à faire en ce qui tient aux « besoins de l'humanité, à quelque point de vue qu'on se place « dans l'industrie, dans la science et dans l'art. L'art, la mu« sique surtout, se transforme à de certaines époques et veut « des moyens d'effet conformes à son but actuel : or, le déve« loppement de la puissance sonore est la tendance donnée à « l'art depuis le commencement du XIX^e siècle. La facture du

« piano a suivi cette tendance, particulièrement le piano de « concert, qui doit souvent lutter avec des orchestres consi- « dérables, et dont les sons doivent se propager dans de vastes « salles. »

À ces considérations, dont la justesse n'a pas été contestée, il faut ajouter que la nécessité d'augmenter la puissance sonore du piano a été si bien sentie en Europe, même depuis les derniers perfectionnements de l'instrument, que la recherche des moyens de la réaliser a préoccupé les acousticiens et les facteurs les plus habiles. Ce problème, le fait vient de prouver qu'il a été résolu en Amérique. Le rapporteur ne croit pas devoir traiter ici les questions de priorité et de propriété d'invention, parce que ces questions sont souvent obscures et peuvent toujours entraîner de longues discussions. En voyant les mêmes moyens mis en œuvre librement par plusieurs fabricants de pianos dans le même pays, il en conclut que ces choses y sont dans le domaine public, et son attention n'est fixée que sur le mérite de l'exécution et sur les résultats.

Le secret du grand son des pianos américains consiste dans la solidité de leur construction ; il se trouve aussi bien dans le piano carré que dans le piano à queue, car ce dernier n'a été l'objet des travaux des fabricants de New-York et de Boston que depuis 1856. L'instrument dont l'usage était et est encore le plus général en Amérique est le piano carré, lequel a à peu près disparu de la fabrication européenne. Le principe de solidité des pianos américains se trouve dans un cadre en fer fondu d'une seule pièce, sur lequel s'opère la traction des cordes, au lieu de la charpente en bois des pianos européens. Le premier qui imagina d'employer ces cadres pour la solidité des instruments fut un facteur de Philadelphie, nommé Babcock ; il termina son premier instrument de ce genre en 1825. En 1833, Conrad Meyer, autre facteur de la même ville, exposa à l'Institut Franklin un piano avec un cadre complet en fer fondu. Ces industriels n'avaient pas compris les avantages de leur innovation, car leurs instruments étaient montés en cordes trop minces, qui n'étaient pas en rapport d'équilibre avec le cadre métallique; leur son était maigre et sentait la ferraille.

En 1840, Jonas Chickering, de Boston, chef de la famille des facteurs de ce nom, prit un brevet d'invention pour un sommier à chevilles ayant un sillet fondu d'une seule pièce avec le cadre; il commença à tendre sur cet appareil des cordes plus fortes, dont la sonorité était meilleure; comme il arrive toujours, cette invention ne se perfectionna que par degrés. Aujourd'hui les cordes des pianos américains sont beaucoup plus grosses que celles dont les fabricants français, allemands et anglais font usage. Pour les mettre en vibration complète, les marteaux doivent avoir une attaque plus énergique que dans le mécanisme anglais et français; de là l'augmentation considérable de la force des sons; mais cet avantage est balancé par la dureté de l'attaque, qui rend le coup du marteau trop sensible; inconvénient plus choquant encore dans le piano à queue que dans le piano carré.

Le 20 décembre 1859, la maison Steinway prit un brevet pour un système de piano à queue qui faisait disparaître, en grande partie, le défaut qui vient d'être signalé. Dans ce système, le cadre en fer reçut une disposition nouvelle pour le placement des cordes et des traverses.

Le placement de ces cordes, en forme d'éventail, fut adopté, en divisant leur ensemble sur les divers chevalets de la table d'harmonie. Dans le dessus du piano, on continua de placer les cordes parallèlement à la direction des marteaux, parce qu'il avait été reconnu, dans le piano carré, que cette position des cordes produit des sons plus intenses dans cette partie de l'instrument. Dans le médium, les cordes furent tendues en forme d'éventail, de droite à gauche, autant que l'espace le permettait. Les cordes de la basse, filées sur acier, furent tendues de gauche à droite, au-dessus des autres, sur un chevalet plus élevé et placé derrière le premier.

Les avantages de ce système sont ceux-ci : 1° La longueur des chevalets de la table d'harmonie est augmentée, et l'on peut profiter de grands espaces qui n'avaient pas été utilisés jusque-là; 2° l'espace d'une corde à l'autre est agrandi, d'où il suit que leur résonnance se développe plus puissamment et plus librement; 3° les chevalets, posés plus au centre de la table d'harmonie, et conséquemment plus éloignés des bords ferrés de la caisse, agissent avec plus d'énergie sur l'élasticité de cette table, et favorisent la puissance du son; de plus, en gardant les mêmes dimensions pour l'instrument, la longueur des cordes se trouve augmentée; 4° la position des cordes du médium et de la basse, vers la direction du coup de marteau, produit des vibrations circulaires, d'où résultent des sons moelleux et purs.

Le système du croisement des cordes n'est pas nouveau; il a été essayé plusieurs fois sans succès, mais il était employé sans intelligence; car, au lieu de favoriser les vibrations des cordes, en les écartant, on y portait atteinte en rapprochant ces cordes l'une de l'autre. On verra plus loin que des fabricants de pianos européens ont exposé de très-bons instruments construits dans ce système.

Les pianos droits ne sont en usage dans les États-Unis que depuis peu d'années. MM. Steinway ont introduit dans la construction de ce genre d'instruments des nouvelles combinaisons qui en assurent la solidité, si nécessaire dans le climat à température variable des États-Unis. Ces améliorations consistent en un double cadre en fer, avec plaque d'attache et barrages, fondus en une seule pièce. Le côté gauche de ce cadre reste ouvert, et par cette ouverture se glisse la table d'harmonie: à celle-ci s'adapte un appareil spécial, lequel consiste en un certain nombre de vis qui servent à comprimer ses bords à volonté.

Le succès de cette combinaison, pour la beauté du son et la solidité de l'accord, a déterminé MM. Steinway à appliquer le même système à la construction des pianos à queue, dont la puissance du son est devenue plus chantante et plus sympathique, par ce moyen de compression facultative de la table.

MM. Steinway ont été brevetés le 5 juin 1866 pour cette importante amélioration.

De ce qui vient d'être dit se tire la conséquence que le grand son des pianos est une véritable conquête pour l'art; conquête dont les résultats pourront s'agrandir par des perfectionnements futurs, mais dont le mérite actuel ne peut être mis en doute, si ce n'est par des préjugés d'habitude.

Les pianos de MM. Chickering et fils sont de puissants et magnifiques instruments qui, sous la main d'un virtuose, produisent de grands effets et frappent d'étonnement. Leur vigoureuse sonorité se propage au loin, libre et claire. Dans une grande salle, et à certaine distance, l'auditeur est saisi par l'ampleur du son de ces instruments. De près, il faut bien le dire, à ce son puissant se joint l'impression du coup de marteau, qui finit par produire une sensation nerveuse par sa fréquente répétition. Ces pianos orchestres conviennent aux concerts; mais, dans le salon, et surtout en les appliquant à la musique des grands maîtres, il y manquerait, par l'effet même de ce coup de marteau trop prononcé, le charme que requiert ce genre de musique. Il y a là quelque chose à faire, sur quoi le rapporteur croit devoir appeler l'attention de l'intelligent fabricant de ces grandioses instruments, sans toutefois diminuer leur mérite dans le reste.

Les pianos de MM. Steinway père et fils sont également doués de la splendide sonorité des instruments de leur concurrent; ils ont aussi l'ampleur saisissante et le volume, auparavant inconnu, d'un son qui remplit l'espace. Brillante dans les dessus, chantante dans le médium, et formidable dans la basse, cette sonorité agit avec une puissance irrésistible sur l'organe de l'ouïe. Au point de vue de l'expression, des nuances délicates et de la variété des accents, les instruments de MM. Steinway ont sur ceux de MM. Chickering un avantage qui ne peut être contesté; on y entend beaucoup moins le coup de marteau, et le pianiste sent sous sa main un mécanisme souple et facile, qui lui permet d'être à volonté puissant ou léger, véhément ou gracieux. Ces pianos sont à la fois l'instrument du virtuose qui veut frapper par l'éclat de son exécution, et celui de l'artiste qui applique son talent à la musique de pensée et de sentiment que nous ont laissée les maîtres illustres; en un mot, ils sont en même temps des pianos de concert et de salon, doués d'une sonorité exceptionnelle.

M. Streicher, de Vienne, chef d'une manufacture de pianos, qui jouit en Allemagne de beaucoup d'estime, n'avait pas envoyé d'instrument à l'Exposition universelle de Paris, en 1855, mais il prit part à celle de Londres, en 1862. Il y envoya un grand piano qui, par comparaison avec les excellents produits des facteurs anglais et français, parut médiocre. Par considération pour l'ancienneté de l'établissement de M. Streicher, et ne voulant pas porter atteinte à ses affaires, le Jury décerna une médaille à ce facteur; toutefois, ce fut plutôt comme souvenir de ses anciens succès que comme récompense pour son piano. Il est vraisemblable que M. Streicher lui-même se jugea alors avec sévérité, et qu'il fit des études comparatives des grands instruments qui se trouvaient à l'Exposition. Les pianos de MM. Steinway fixèrent vraisemblablement son attention plus que les autres, puisque, renonçant tout à coup aux principes de son ancienne facture, il a adopté les dispositions américaines des cordes croisées. La transformation est complète et les résultats sont heureux, car le grand piano de M. Streicher, placé à l'Exposition actuelle, est un très-bon instrument.

M. Günther, de Bruxelles, intelligent et habile fabricant de pianos, a fait aussi une heureuse application du système des cordes croisées, non dans le grand piano, mais dans les pianos dits *obliques*. Ses dispositions ne sont pas celles de MM. Steinway, dans les pianos de même espèce; son éventail est plus ouvert, parce qu'il donne à sa table d'harmonie plus de largeur. L'écartement des cordes favorise le développement des vibrations, et la sonorité des instruments construits par ce facteur a une puissance qui surpasse celle des meilleurs pianos obliques de l'ancien système.

Bien que la fabrication des pianos à queue ne soit pas habituelle en Belgique, MM. Sternberg et Vogelsangs, de Bruxelles, ont exposé de bons instruments de cette espèce.

Dans cette catégorie, on remarque aussi, comme des instruments d'un mérite distingué, ceux de MM. Ehrbar, de Vienne; Knake, de Münster; Blüthner, de Leipzig; Sprecher et C^ie^, de Zurich: Krall et Seidler, Malecki et Schreder, de Varsovie. Plusieurs autres fabricants, qui avaient été distingués dans les expositions précédentes, n'ont pas paru avoir progressé depuis lors; mais il est juste de mentionner avec éloge un piano à queue construit dans les plus petites dimensions par MM. Hals frères, de Christiania (Norwége), et dont la sonorité a du charme.

*Pianos droits, obliques, etc.* — Après les pianos à queue viennent les pianos droits, obliques et demi-obliques, qui sont en très-grande majorité à l'Exposition. Les grandes maisons de Paris et de Londres conservent leur supériorité dans la facture de ces instruments comme dans les pianos à queue, et l'on trouve, parmi les produits exposés des maisons Érard, Pleyel, Wolff et C^ie^, Henri Herz, Broadwood, Kirckman, etc., de très-beaux instruments de cette espèce, destinés aux petits appartements et à l'intimité de l'artiste et de l'amateur. Mais le rapporteur constate avec regret qu'à l'exception de ces grandes maisons et de quelques autres moins importantes, qui se maintiennent dans une situation honorable, la facture française des pianos de second ordre n'a pas fait des progrès, et paraît plutôt en décadence. Qui a vu ce genre de pianos à l'Exposition nationale de 1844, et en a conservé le souvenir précis, le retrouve aujourd'hui dans la même situation.

C'est que, à vrai dire, chez une multitude de fabricants de pianos droits, obliques, et surtout demi-obliques, il n'y a plus de facture proprement dite : il n'y a plus que de l'assemblage des diverses parties de ces instruments. Dans des ateliers du faubourg Saint-Antoine se fabriquent, en grande industrie, des caisses de pianos droits ou *pianino*, à tous les degrés de hauteur, de pianos demi-obliques et grand-obliques; ailleurs, on prépare des tables d'harmonie et des chevalets de toutes dimensions. MM. Rohden, Schwander et autres industriels ont en magasin les mécaniques de piano toutes faites, y compris les claviers; il y a des fabricants de touches d'ivoire pour les claviers, d'autres qui ne font que les dièses, c'est-à-dire les touches d'ébène qui alternent avec celles d'ivoire sur les claviers; d'autres préparent le feutre pour la garniture des marteaux, et M. Duval et d'autres vendent des chevilles à tendre les cordes, des pointes, des agrafes, etc. Après avoir travaillé dans les ateliers d'un grand facteur de pianos, l'ouvrier qui a amassé quelque argent s'établit, achète tous ces éléments de la facture d'un instrument, les met en œuvre avec plus ou moins d'habileté, et de tout cela sort un piano. Quel piano! Peut-être le salaire de l'ouvrier qui est parvenu à le finir n'est-il pas plus élevé que celui qu'il recevait d'un patron; peut-être l'est-il moins; mais il a pu mettre son nom à un instrument, et sa vanité est satisfaite. Quant à la pensée de produire un bon instrument et de faire quelque chose pour l'art, à peine s'il en est question. Faire au meilleur marché possible, afin de trouver un débit facile, est à peu près la seule préoccupation.

C'est en effet à la recherche incessante du bon marché que doit être attribué le grand nombre de pianos, de médiocre ou de minime qualité, qui se trouvent mêlés aux bons instruments à l'Exposition de 1867. Les instruments qui ont de la valeur sont chers et doivent l'être, parce que les belles qualités d'un instrument ne s'obtiennent qu'avec les dépenses nécessaires, des études persévérantes et des soins minutieux qui exigent beaucoup de temps.

Parmi les facteurs de pianos français dont les instruments

viennent immédiatement après ceux des maisons citées précédemment, dans la catégorie des pianos droits, obliques et demi-obliques, on doit mentionner MM. Kriegelstein, J. Gaveaux, Bord, Blanchet, Thibout et Cie, Martin, de Toulouse; Mangeot frères, de Nancy, et Limonaire. Le Jury a vu avec étonnement et à regret d'autres fabricants qui se plaçaient autrefois parmi les plus renommés, et qu'il n'a pu classer que dans un ordre inférieur. Même circonstance s'est produite dans les pays étrangers.

En Belgique, le progrès s'est soutenu comme aux expositions universelles précédentes; un nouvel exposant, M. Günther, dont l'excellente facture a été mentionnée ci-dessus, a pris tout d'abord une position des plus honorables parmi les facteurs de cette catégorie de pianos droits, demi-obliques et grand-obliques. Après lui se font remarquer les noms de MM. Sternberg, Vogelsangs et Berden.

En Allemagne, particulièrement en Autriche, les pianos en forme de buffet (droits et obliques) ont moins de vogue qu'en France et en Angleterre; ainsi, sur dix-sept facteurs de pianos allemands indiqués au Catalogue, cinq seulement font des pianos droits. M. Ehrbar est le meilleur facteur de ce genre d'instruments à Vienne. En Prusse, l'usage des pianos droits est plus général. MM. Bechstein, à Berlin, M. Blüthner, à Leipzig, M. Biber, à Munich, et MM. Schiedmayer et fils, à Stuttgard, sont les facteurs les plus distingués dans la fabrications des pianos droits.

Les pianos italiens n'ont rien qui les mettent au-dessus de la médiocrité. La supériorité de l'Italie, en ce qui concerne la fabrication des organes sonores, ne s'est jamais manifestée que dans les instruments à archet.

L'Espagne est plus avancée à l'égard des pianos : il y a quelques bonnes fabriques de cet instrument à Madrid, Barcelone et Saragosse. M. Eslava, neveu du célèbre maître de chapelle de la reine, et éditeur de musique, a exposé un très-bon piano droit, construit dans ses ateliers de Madrid. Le même industriel se recommande aussi par ses belles éditions de musique.

## CHAPITRE II.

### INSTRUMENTS A ARCHET.

Les précieuses qualités des instruments sortis des mains des célèbres luthiers italiens du XVIIe et du XVIIIe siècle, les Amati, Magini, Stradivari, Guarneri, et leur rareté devenue plus grande chaque jour, ont fait élever leur valeur devenue inabordable pour les jeunes artistes. On a parlé récemment de violons vendus 12 et 15,000 francs; une basse de Stradivarius a été payée 25,000 francs par un professeur de cet instrument.

D'autre part, en dépit des soins qui sont donnés à leur entretien ainsi qu'aux réparations devenues nécessaires à la suite d'accidents, ces mêmes instruments tendent incessamment à une complète destruction, soit par l'effet de la charge énorme exercée sur leur table d'harmonie par le tirage des cordes au diapason actuel, pour lequel ils n'ont pas été faits; soit par l'effet du temps qui détruit tout et ronge lentement les fibres du bois dont ils sont faits, les vers y aidant.

La lutherie moderne a donc pour mission de préparer des successeurs à ces excellents instruments, vénérables restes d'un temps déjà loin de nous. Ce n'est pas d'aujourd'hui qu'elle a compris l'importance de cette mission : dès le commencement du XIXe siècle, de très-bons ouvriers essayaient déjà de marcher sur les traces de leurs illustres prédécesseurs, mais ils n'avaient guère pour les guider que des tâtonnements. On copiait des modèles, et les résultats de l'imitation n'étaient pas toujours heureux. Cependant, de bons instruments ont été faits par Lupot, à Paris, et par John Betts, à Londres, dans les vingt-cinq premières années de ce siècle : leur prix s'est déjà fort élevé.

Quelque chose manquait cependant à ces hommes habiles

dans la pratique de leur art : à savoir un certain esprit de recherche qui fait remonter aux causes des phénomènes. Cet esprit s'est trouvé dans un ouvrier, venu jeune de Mirecourt à Paris, et qui, entré dans l'atelier de Lupot, où sa main acquit la dextérité indispensable, ne tarda pas à se demander à quelles causes devaient être attribuées les admirables qualités des violons, altos et basses de Stradivari et de Guarneri; car il ne doutait pas que ces causes ne fussent complexes : Jean-Baptiste Vuillaume était cet ouvrier. Heureusement, au milieu de ses recherches, et lorsque déjà son habileté manuelle avait produit de très-bons instruments, il rencontra dans Savart un expérimentateur occupé du même objet; ils unirent leurs efforts, et bientôt M. Vuillaume ajouta à son talent pratique de l'art du luthier une connaissance positive et théorique des lois de la fabrication des instruments à archet.

Au nombre de ces connaissances figure en première ligne celle de la nature des bois propres à cette fabrication, et des conditions dans lesquelles ils doivent se trouver. De fréquents voyages faits par M. Vuillaume, en Italie, en Suisse, en Dalmatie, l'ont mis en possession de précieux matériaux de ce genre, avec lesquels il a fait des instruments, véritables modèles de perfection, tels que ceux qui figurent à l'Exposition universelle. Deux quatuors complets, composés chacun de deux violons, alto et basse, exposés par lui, sont, sous tous les rapports, d'une perfection qui égale ce que les grands luthiers de Crémone ont fait de plus beau.

On doit aussi à M. Vuillaume l'invention nouvelle et très-ingénieuse d'un petit appareil qui produit, à la volonté de l'exécutant, l'effet de la sourdine sur le violon, par la seule pression du menton du violoniste sur la queue à laquelle sont attachées les cordes. Lorsque l'auteur de ces merveilles de belle sonorité et de fini précieux aura cessé d'exercer son activité productive et n'en augmentera plus le nombre, leur prix atteindra le niveau de celui des instruments de Crémone, surtout lorsque les siens auront acquis le prestige de l'ancienneté.

L'imitation des instruments de Crémone continue d'être l'objet principal du travail des meilleurs luthiers de l'époque actuelle. On n'y remarque pas de progrès sensible depuis l'Exposition de 1855. L'examen des produits de cette fabrication fournit la démonstration que la lutherie française tient le premier rang dans l'Exposition. Après elle vient immédiatement la Belgique, puis la Prusse, l'Italie, l'Autriche, la Bavière, la Saxe. Au bas de cette échelle décroissante, se trouvent certains instruments si peu satisfaisants pour l'oreille et pour l'œil qu'ils méritent peu d'être mentionnés.

*France.* — Dans la lutherie de Paris, citons d'abord MM. Gand et Bernardel frères; ils ont exposé des violons, altos, violoncelles et une contre-basse, où l'on retrouve la tradition de Gand père et de MM. Gand frères. La facture est faite avec soin et accuse un travail consciencieux. Le vernis, dont le rouge est un peu trop vif, est aussi le cachet des instruments de cette famille. La sonorité de ces instruments est de bonne qualité, vibrante, égale, sauf à la contre-basse, dont le son a paru cotonneux, quoique sa facture n'ait pas été négligée.

M. Mennegaud, de Paris, se présente ensuite comme auteur de deux violons, un alto et un violoncelle. Le travail de ces instruments est bien fait; il est fâcheux que leur vernis soit un peu opaque. A l'audition, les violons ont paru satisfaisants; l'alto est faible de sonorité, mais le violoncelle est excellent. M. Mennegaud fabrique peu de violons neufs; son talent se fait particulièrement remarquer dans les réparations difficiles d'instruments anciens, dont il met les qualités en relief.

Trois violons, un alto et un violoncelle sont exposés par M. Miremont, de Paris. Ce luthier travaille seul, voulant une précision extrême dans son travail, qu'il ne croit pas pouvoir obtenir d'un ouvrier. Ses instruments sont, en effet, très-bien faits. Leur auteur a pris un brevet pour un procédé à l'aide duquel il croit pouvoir améliorer les instruments à archet et leur donner une puissance sonore très-supérieure à celle qu'ils ont eue jusqu'à ce jour. M. Miremont n'a pas communiqué son secret au Jury, qui n'en a pas aperçu les résultats dans ses instruments.

M. Jacquot père a mis à l'Exposition trois violons, un alto et une basse d'un bel aspect, quoiqu'on puisse désirer plus de caractère dans le travail du bois. Le vernis est d'une jolie teinte, mais si léger, qu'il couvre à peine les pores du bois. A l'audition, les violons ont paru bons, mais l'alto a le son empâté, et la basse est faible de sonorité.

Trois violons, un alto et un violoncelle sont exposés par M. Sébastien Vuillaume, luthier à Paris. Ces instruments sont bien faits, quoique le travail n'ait pas de caractère prononcé. Le vernis, d'une teinte brune, contraste un peu trop avec les taches blanchâtres faites à l'imitation des anciens instruments. La sonorité des violons est peu distinguée; l'alto, très-bon, est facile à jouer; le violoncelle a peu de son.

M. Thibouville-Lamy (Paris), à vrai dire, n'est pas un luthier; il a des ateliers à Mirecourt, pour tout ce qui représente la lutherie, comme il en a ailleurs pour les orgues et pour la fabrication des instruments à vent en bois et en cuivre. Il expose la série complète des instruments à archet, et offre en même temps une gradation de prix qui frappe d'étonnement quiconque n'est pas initié aux mystères de la fabrication sur une grande échelle. C'est ainsi que M. Thibouville-Lamy a pu mettre sous les yeux du Jury un violon de 4 fr. 50 cent.; un autre de 10 fr., et un troisième de 30 fr., tous bien montés, et de beaucoup supérieurs à tout ce qui se fait en Saxe et dans le Tyrol. Le violon de 4 fr. 50 cent., joué à la vérité par M. Joachim, fut trouvé bon; quant à celui de 30 fr., c'est, relativement, un instrument d'artiste. Les guitares, exposées par le même industriel, viennent de la même source et sont bien faites.

Les instruments à archet, exposés par MM. Gautrot et C^ie^, de Paris, sont dans les mêmes conditions, et proviennent également de Mirecourt. Le rapporteur croit devoir faire remarquer que ces séries d'instruments ne sont dignes d'éloges que comme des objets de commerce et d'exportation; ils n'ont pas de rapport avec les produits de la lutherie de précision, et il ne s'agit pas, dans leur examen, de rechercher l'ampleur, la distinction et l'égalité de la sonorité; mais ils ont la supériorité relative dans la lutherie commune.

Les instruments de Mirecourt, de 25 à 30 fr., trouvent des imitateurs. M. Granjon, de Paris, expose deux violons de ce genre, et deux autres avec l'imitation du vernis de M. Gand. Ces objets sont aussi destinés à l'exportation. M. Jacquot fils, établi à Nancy, a exposé trois violons, un alto et un violoncelle. Ces instruments, faits avec soin, sont identiques à ceux de M. Jacquot père, à l'exception de certains éclaircis de vernis, dont le but est de leur donner l'aspect des vieux instruments. Quatorze violons sont exposés par M. Grivel, de Grenoble, non comme son ouvrage, car il n'est pas luthier; ces instruments sont de plusieurs luthiers connus; mais M. Grivel y a appliqué un vernis fabriqué par lui, et qu'il dit avoir été celui des luthiers de Crémone. C'est à ce vernis qu'il attribue les précieuses qualités des instruments de Stradivari et de Guarneri. Malheureusement pour le succès de la découverte de M. Grivel, son vernis n'a pas amélioré les instruments auxquels il l'a appliqué: ainsi, de deux violons de M. Gand, dont un était verni par ce luthier et l'autre par M. Grivel, le premier sonnait beaucoup mieux que le second.

*Pays étrangers.* —Parmi les instruments belges, on a remarqué, en première ligne, quatre violons, deux altos et deux violoncelles, de M. N.-F. Vuillaume, luthier à Bruxelles, qui, depuis quarante ans, s'occupe avec succès de la fabrication des instruments à archet, et en a produit un grand nombre. Ses instruments sont bien faits et soigneusement terminés. A l'audition, ses violons ont fait entendre une sonorité pure, intense et égale; les altos égalent les violons, et les basses ont de la rondeur.

M. Darche, luthier à Bruxelles, a mis à l'Exposition une basse attribuée à André Amati, et qu'on croit avoir appartenu au roi Charles IX. L'objet de l'exposition de cet instrument est de faire voir la difficulté vaincue d'une restauration qui paraissait impossible dans l'état de délabrement où se trouvait cette basse. M. Darche expose aussi trois violons, un alto et un violoncelle, sortis de son atelier. Le travail de ces instruments est assez satisfaisant; mais le ton et la pâte du vernis laissent à désirer, particulièrement dans les imitations des maîtres anciens. La sonorité des violons a paru bonne au Jury; l'alto est un peu sourd ainsi que la basse.

La lutherie italienne ne présente plus que le spectacle affligeant de la décadence. A l'Exposition actuelle, on trouve deux violons et un violoncelle de M. Guadagnini, de Turin, descendant d'une famille de luthiers qui a eu de l'illustration. Le bois employé dans la fabrication de ces instruments est de belle qualité, et le travail est bien fait; mais à l'audition, la sonorité n'est pas supérieure aux bons instruments de Mirecourt : la distinction y manque.

M. Gagliani, de Naples, est aussi le rejeton d'une ancienne famille de bons luthiers napolitains; mais il n'a rien conservé du mérite de ses ancêtres. Les deux violons qu'il a exposés sont d'un travail au-dessous du médiocre, et le vernis, nonobstant la prétention d'imiter celui des anciens maîtres, est trop épais. La sonorité est terne sur les trois dernières cordes, et pointue sur la chanterelle. Enfin, M. Cerutti, que les traditions de Crémone, sa ville natale, n'ont pas inspiré, n'a pu présenter à l'Exposition que deux violons d'une facture maigre, efflanquée, mal vernis, et d'une sonorité dépourvue d'ampleur et d'éclat.

Dans le compartiment de l'Autriche, on trouve des instruments à archet de MM. Lambœck et de M. David Bittner, tous deux luthiers à Vienne. Le premier a exposé trois violons, un alto et deux violoncelles. Il a imité le patron de Joseph Guarneri, mais en le grandissant, et laissant plus d'épaisseur à la table d'harmonie. Par ce système, M. Lambœck obtient un son qui semble clair et en dehors, mais dont le timbre métallique est dépourvu de charme. Le travail de ces instruments est d'ailleurs peu soigné. Les basses sont aussi plus grandes que les dimensions ordinaires.

Quatre violons, un alto et deux violoncelles sont exposés par M. Bittner. Le bois de ces instruments est beau, mais le travail ne s'élève pas au-dessus du médiocre. Le vernis, mal posé, est rempli de taches, ce qui donne à ces instruments un aspect déplaisant. On s'étonne de voir des produits semblables sortir d'une capitale où il y a des instruments de maîtres, de grands artistes et des connaisseurs. A l'audition, les violons n'ont rien de remarquable ; l'alto est meilleur, mais les basses ont le son cotonneux.

En Prusse, on ne trouve que M. Grimm, de Berlin, pour représenter la lutherie destinée aux artistes. Il a exposé un quatuor complet, c'est-à-dire deux violons, un alto et un violoncelle. Ces instruments sont dans de bonnes conditions de travail ; remarquons seulement que les mailles du sapin des tables d'harmonie paraissent trop larges, et que le vernis est un peu trop épais. A l'égard de la sonorité, elle a paru peu satisfaisante et inégale. M. Carl Grimm est un luthier habile : il a fait souvent des instruments plus beaux et meilleurs que ceux qu'il a envoyés à l'Exposition.

M. Diehl, de Darmstadt, n'a exposé qu'un violon et un alto d'un travail médiocre et d'un vernis sans valeur. A l'audition, le violon a paru bon, mais l'alto était sourd.

La lutherie de pacotille et d'exportation se fabrique dans de grandes proportions à Mittenwald, dans la Haute-Bavière. La maison la plus importante est celle de MM. Neuner et Hornsteiner : son existence remonte à cent vingt ans. Jusqu'en 1813, elle fut connue sous la firme *Neuner et C^ie^*, et depuis lors sous celle qu'elle porte maintenant. Cette maison est montée pour une grande fabrication : elle possède une immense quantité de bois qui se préparent dans une usine hydraulique disposée pour cela. C'est avec ces matériaux que les ouvriers confectionnent les instruments en blanc, pour lesquels ils sont payés à la pièce, ou, comme on dit, *à façon*. Des femmes, dont le salaire est très-minime, sont ensuite employées à les vernir. Les ouvriers luthiers ne travaillent aux instruments que pendant l'hiver, dont la durée est de sept ou huit mois dans ce pays; l'été venu, ils sont occupés aux travaux des champs. Telles sont les causes du bas prix des instruments de Mittenwald : on y trouve des violons à 1 florin 45 kreutzers, à 3 florins, à 5 florins, à 30 florins 12 kreutzers, etc., c'est-à-dire, depuis 4 francs jusqu'à 80 francs environ. Un violoncelle en très-beau bois, imité de Stradivari, est coté au prix de 120 francs. A l'audition, parmi ces instruments, le violon de 4 francs est celui qui a le plus étonné le Jury. La maison Neuner et Hornsteiner fait de très-grandes affaires en instruments de ce genre et instruments à cordes pincées, tels que guitares et cithares. La maison J.-A. Bader et C^ie^, de Mittenwald, qui a placé aussi des instruments à archet et à cordes pincées à l'Exposition, a une industrie identiquement semblable à celle de la maison Neuner et Hornsteiner, mais dans des proportions moindres. M. Reiter (Jean) est un simple ouvrier demeurant à Mittenwald. Il a exposé trois violons et un alto qui sont faits avec beaucoup de soin et de fini. Il est évidemment doué d'une intelligence peu commune et d'une grande habileté de main : malheureusement il est privé de beaux modèles et des conseils de connaisseurs; il travaille d'instinct, et les lois qui devraient le guider dans son travail lui sont inconnues. De là vient que la sonorité, comme les autres conditions, laisse tant à désirer.

MM. Schuster frères, de Neukirchen (Saxe), ont envoyé à l'Exposition une multitude de violons mal faits, avec toutes sortes d'ornements bizarres, mais au prix le plus bas. Ce pays est celui où se font les plus mauvais instruments, mais à meilleur marché. On y remarque des violons de 3 fr. 50. MM. G. et A. Klemm frères, de Neukirchen, fabriquent des instruments à archet et à cordes pincées qui sont faits et vendus dans les mêmes conditions.

Depuis quelque temps, plusieurs ouvriers de la Saxe, plus

habiles que d'autres, se sont mis à fabriquer d'après de bons modèles, et produisent de meilleures choses : ils n'ont rien envoyé à l'Exposition. Il est vraisemblable qu'il sortira de là d'utiles réformes dans la fabrication des instruments de musique de la Saxe.

Un seul luthier des États-Unis, M. Georges Gemünder, de New-York, a exposé cette année. Ses instruments sont au nombre de six, à savoir : quatre violons, un alto et un violoncelle. Tous sont bien faits et terminés avec soin ; mais le bois dont ils sont fabriqués laisse beaucoup à désirer. Les violons sont d'une assez bonne sonorité, ainsi que l'alto, mais la basse est très-inférieure aux autres instruments.

## CHAPITRE III.

### INSTRUMENTS A CORDES PINCÉES.

Le développement progressif de la puissance sonore dans la musique, depuis la seconde moitié du XVIIIe siècle, a fait successivement disparaître du domaine de cet art tous les instruments dont la sonorité était douce et discrète. Tour à tour la flûte à bec, parmi les instruments à vent, les pardessus de viole ou *quintons*, les violes tenors, de l'orchestre de Lully et des maîtres de son temps, la basse de viole, le *violone* ou contre-basse de viole, de la catégorie des instruments à cordes, ont fait place au violon, au violoncelle, à la contre-basse moderne ; les petits et agréables violons d'André Amati et de son école, à l'exception de ceux de Nicolas, se sont trouvés trop faibles pour l'instrumentation actuelle; enfin, parmi les instruments à cordes pincées, le luth, l'archiluth, le théorbe, la guitarone, la mandore et la mandoline, autrefois employés dans l'instrumentation, et dont Jean-Sébastien Bach a tiré encore de beaux effets, ont tous disparu. Si nous remontons à quarante ans du moment actuel, nous verrons la guitare cultivée avec amour par une multitude d'artistes et d'amateurs ; l'illustre compositeur du *Barbier de Séville* en tirait un effet charmant dans la sérénade de cet ouvrage ; mais la guitare n'a plus assez de son pour la musique fiévreuse des derniers temps : elle est abandonnée, et l'Espagne est à peu près le seul pays en Europe où elle donne encore signe de vie.

La harpe même, dont la sonorité a pourtant de l'éclat, a cessé d'intéresser le monde musical précisément au moment où les célèbres artistes Parish-Alvars, Labarre et Godefroid, agrandissaient son domaine. Si cet instrument n'était pas nécessaire pour les théâtres, particulièrement pour les ballets, il n'y aurait plus de harpistes. La fabrication des harpes était naguère une grande industrie. Sébastien Erard en vendit pour un demi-million, dans la première année où il fit connaître sa harpe à double mouvement. A peine aujourd'hui quelques ouvriers sont-ils occupés dans la même maison à la fabrication de cet instrument. En France, tous les contrefacteurs de ces harpes ont cessé de travailler, et l'Angleterre, où l'on s'occupait autrefois de ce genre d'industrie, n'a rien envoyé à l'Exposition.

La perfection, si rare en toute chose, avait été atteinte par Sébastien Erard dans la harpe à double mouvement; car on n'aperçoit pas en quoi elle aurait pu progresser encore, à moins de changer sa nature. Après lui, on a essayé d'y appliquer un clavier (le *clavi-harpe*); mais ce fut aux dépens de la belle qualité de ses sons : l'invention n'eut pas de succès. Les belles harpes exposées par la maison Erard sont le dernier effort de l'esprit humain pour la perfection de cet instrument.

Les guitares françaises, en petit nombre, qui figurent à l'Exposition universelle, proviennent de la fabrication de Mirecourt (France), représentée par M. Thibouville-Lamy et par M. Gautrot. Leur destination est particulièrement l'exportation. Ces instruments sont bien faits et soignés dans les détails de leur fabrication; mais ils n'ont rien de remarquable au point de vue de la sonorité.

*Pays étrangers.* — Les guitares les plus sonores sont aujourd'hui celles qui sont fabriquées en Espagne. MM. José Campo, de Madrid, Fuentes, à Saragosse, et surtout Francisco Gonzalez, de Madrid, en ont exposé de très-bonnes. La guitare de M. Gonzalez, d'un modèle nouveau, est un instrument d'exception par la beauté de ses sons. Par un procédé particulier de renforcement et de prolongation des sons, inventé par lui, M. Gonzalez est parvenu à prolonger ses puissantes vibrations pendant vingt secondes, lorsque la musique exige de longues tenues. Ces guitares, dont le travail est très-fini, sont du prix de 1,000 francs. Le même luthier a exposé un instrument auquel il donne le nom de *mandora*, mais qui n'est pas la mandore ancienne. A vrai dire, c'est une grande *mandoline*. La sonorité en est excellente.

Un instrument à cordes métalliques pincées est devenu fort en vogue dans l'Allemagne méridionale et en Suisse depuis le commencement du XIXe siècle, tandis que plusieurs autres étaient définitivement abandonnés. Cet instrument est la *zither* ou *cither*, qu'on a assimilé, à tort, à la cithare de l'antiquité, avec laquelle cet instrument moderne n'a aucune analogie. Le corps de l'instrument est plat; la table d'harmonie est à peine à la distance de trois centimètres du fond. On distingue en Bavière trois variétés de *zither*, appelées *lieder-zither*, ou *élegie-zither*, *schlagzither* et *streichzither*. La première est destinée au chant; les deux autres ont des modes différents d'exécution et différents aussi par le nombre de cordes. Avec de l'habileté, on tire de jolis effets de cet instrument.

Les meilleures *cither* ou *zither* placées à l'Exposition sont celles de MM. Jean Haselwander, de Munich, Antoine Kiendl, de Vienne, et Max Amberger, de Munich.

## CHAPITRE IV.

### INSTRUMENTS A VENT.

#### § 1. — Famille des flûtes.

La réforme complète de la flûte, par Théobald Bœhm, célèbre artiste bavarois, est une des améliorations les plus importantes qui aient été faites dans la catégorie des instruments à vent. Elle a été analysée dans ses conditions diverses par le rapporteur de l'Exposition de 1855 : ce sujet ne sera donc plus traité ici. Il est pourtant une considération qui ne doit pas être oubliée : elle concerne la part active qu'a eue M. Coche, professeur-adjoint au Conservatoire de Paris, à l'introduction de cet instrument en France. Tulou, virtuose renommé à juste titre dans toute l'Europe, et professeur de flûte dans cet établissement, avait joué, pendant tout le temps de ses brillants succès, l'ancienne flûte, dont il corrigeait les défauts de justesse et les inégalités par son talent. Soit qu'il eût mal apprécié d'abord le nouvel instrument de Bœhm, en dépit de ses avantages, soit que les habitudes de toute sa vie fussent un obstacle pour de nouvelles études, il se montra jusqu'à ses derniers jours l'adversaire de la flûte nouvelle. Ce fut M. Coche qui, jeune alors, ayant reconnu les avantages de l'instrument transformé, le fit connaître à Paris, publia plusieurs écrits pour le faire adopter, et en expliqua le mécanisme avec beaucoup de clarté dans un bon ouvrage destiné à l'enseignement (1).

Postérieurement, Bœhm, éclairé par l'expérience, modifia de nouveau son invention et la porta au point de perfection qu'ont fait valoir par leur talent MM. Dorus, professeur au

(1) *Méthode pour servir à l'enseignement de la nouvelle flûte*, inventée par Gordon, modifiée par Bœhm et perfectionnée par Coche et Buffet jeune. Paris, 1838.

Conservatoire de Paris, Dumon, professeur à celui de Bruxelles, Altès, première flûte solo de l'Opéra, et quelques autres artistes.

C'est cette même flûte, refaite en 1847 par Bœhm, et dans laquelle il abandonna la perce cylindrique du tube, pour revenir à l'ancienne perce conique de Tromlitz et de Ribœck, c'est, disons-nous, cette même flûte, exécutée avec un fini remarquable, que M. Lot a exposée cette année comme en 1855. Ses instruments sont en argent, métal considéré aujourd'hui par quelques artistes comme ayant des qualités de sonorité supérieures au bois de diverses sortes, et même à celui de grenadille. Les instruments de M. Lot jouissent en France d'une réputation d'excellence justement méritée. Il en a exposé de deux systèmes : le premier à trous très-ouverts, l'autre à trous plus petits. Ces dernières flûtes ont une qualité de son préférable : les flûtes à très-grands trous sont un peu nasales dans les sons bas.

Les flûtes de M. Godfroy aîné et de M. Buffet (Auguste) ont aussi le timbre brillant et clair ; elles sont estimées des artistes. Les petites flûtes de M. Godfroy ont le son un peu mince ; celles de M. Buffet ont le timbre plus plein et moins sifflant.

Les meilleures flûtes de l'Exposition sont celles de M. Albert, de Bruxelles. Ce facteur a fait alliance des deux systèmes de perce cylindrique pour les sons graves, et conique pour les notes élevées. Le jury leur a trouvé le son moins puissant que celui des flûtes de M. Lot ; mais ce son a du charme, beaucoup d'égalité dans toute l'étendue de l'échelle, et la grave de l'instrument a de la rondeur.

Les flûtes de MM. Buffet et Crampon et celles de M. Gautrot ont de la justesse et le son clair; on peut seulement reprocher à celles de ce dernier facteur d'être un peu sourdes dans le bas. Les petites flûtes de ces deux maisons sont d'un bon timbre et ont de l'égalité.

Quelques flûtes de l'ancien système, venues de l'Allemagne,

figurent à l'Exposition : elles sortent des ateliers de M. Mollenhauer, de Fulde, et de M. Ziegler, de Vienne. Malgré l'importance de la maison de ce dernier et la réputation dont elle jouit en Autriche, elle ne doit pas se faire illusion, car ses flûtes ne sont pas justes : le son en est gros et sans distinction.

Le célèbre réformateur de la flûte, Théobald Bœhm, a envoyé à l'Exposition une *flûte-alto* qui descend au *sol*. Un instrument de ce genre, appelé improprement *panaulon*, par Trexler, de Vienne, qui en était l'auteur, fut joué dans quelques concerts (1818-1830) par le virtuose Sedlazck. Comme la flûte de Trexler, celle de Bœhm a le défaut d'être sourde, nasale, et de n'avoir pas d'analogie par son timbre avec la flûte soprano. Tous les efforts pour triompher de ces imperfections seront infructueux ; car le docteur Schafhault, professeur à l'Université de Munich, a démontré, par ses recherches et ses expériences, dans sa *Théorie des tuyaux fermés, coniques et cylindriques, et de la flûte traversière* (1), que l'insufflation par un trou latéral du tube est insuffisante pour mettre en vibration complète la colonne d'air qui y est contenue, au delà de certaines limites de longueur et de diamètre. Les sons graves des flûtes de cette espèce ne peuvent être que rauques ou sourds. La flûte à bec ou à sifflet formait autrefois une famille complète (soprano, alto, ténor et basse) dont tous les individus étaient analogues par le timbre, parce que le mode d'insufflation, avec le sifflet entre les lèvres, a une puissance suffisante pour mettre en vibration les colonnes d'air de ces grands tubes.

M. Théobald Bœhm a fait aussi appel à l'attention du Jury de la classe 10 de l'Exposition universelle sur un *schéma* (2) formulé par lui *comme une illustration graphique de la gamme majeure*, d'après le *diapason normal et de la propor-*

(1) Dans les *Jahrbücher der Chemie und Physik*, t. VIII.

(2) *Schema zur Bestimmung der L''cherstellung auf Blas Instrumenten. V. 2 Bœhm.*

*tion géométrique*, pour mettre d'accord ces proportions avec chaque diapason. M. Cavaillé-Coll ayant accepté la mission d'examiner ce nouveau travail de l'artiste, à qui la facture des instruments à vent en bois est déjà redevable de grandes améliorations, a donné ses conclusions ainsi qu'il suit :

« M. Bœhm ne s'explique pas sur la méthode qu'il a suivie pour établir son *schéma ;* mais, après un examen attentif, il nous a été facile de reconnaître que ce *schéma*, qui n'est autre chose que ce qu'on nomme, en termes de facture instrumentale, un *diapason*, est établi d'une manière rationnelle, suivant une loi que nous croyons avoir été le premier à mettre en lumière, *pour la détermination des dimensions exactes des tuyaux d'orgue*, et que nous avons présentée à l'Académie des sciences de Paris, dans sa séance du 23 janvier 1860.

« Or, cette loi se résume dans la formule ci-après pour les tuyaux cylindriques : $L = \frac{V}{N} - \left(D. \frac{5}{3}\right)$, dans laquelle L désigne la longueur de la colonne d'air du tuyau ; D le diamètre intérieur dudit tuyau ; V la vitesse moyenne du son à 340 mètres par seconde ; N le nombre de vibration dans le même espace de temps.

« D'après notre formule, nous avons trouvé que le *schéma* ou *diapason* de M. Bœhm a pour base une ligne C, divisée en progression géométrique et indiquant les longueurs d'ondes correspondantes à l'échelle chromatique des divisions de la gamme, au tempérament égal, et suivant au diapason dont le *la* correspond à environ 856 vibrations par seconde, et donne une longueur d'onde de 0,397-2, au lieu de 0,398-38, indiquée sur le tracé de M. Bœhm ; ce qui diffère d'ailleurs fort peu (1).

« Sur cette base, il a établi une série de triangles ayant

(1) Cette différence entre les résultats du calcul de M. Bœhm et celui de M. Cavaillé-Coll provient de ce que ce n'est pas *la* correspondant à 856 vibrations, mais *la* = 860 vibrations que M. Bœhm donne au diapason au-dessous du diapason normal de 870 vibrations.

même sommet, pour diviser proportionnellement les échelles qu'on voudrait faire entre le premier diapason plus bas d'un demi-ton que le ton normal français, et un autre diapason plus élevé, ce qui devrait satisfaire à tous les diapasons usités en Europe.

« En vérifiant ce schéma d'après nos calculs, nous avons trouvé que la ligne moyenne B, sur laquelle M. Bœhm indique les divisions de l'échelle chromatique, d'après le ton normal français de 870 vibrations par seconde, porte des longueurs d'ondes trop grandes, eu égard au nombre de vibrations, et qu'il faudrait prendre cette échelle deux divisions au-dessus de la ligne moyenne B indiquée par l'auteur. En effet, si l'on divise la vitesse moyenne du son, c'est-à-dire 340 mètres par seconde, par le nombre de vibrations du *la* normal, soit de 870 vibrations, on trouve une longueur d'onde sonore = 0,391 au lieu de la longueur indiquée sur le schéma 0,398, ce qui donne une différence en plus de 0,007.

« Au résumé, et malgré ces légères erreurs de calcul, qui peuvent d'ailleurs résulter de la différence de vitesse du son que l'auteur du schéma aurait pris pour base, on doit reconnaître que cette échelle graphique des divisions de la gamme a été établie par l'auteur avec beaucoup de soin et d'une manière rationnelle, tandis que jusqu'alors, et de l'aveu même des meilleurs facteurs que nous avons consultés, les diapasons de leurs instruments ont toujours été faits expérimentalement et par tâtonnements. »

Il n'est pas inutile de constater, après cette conclusion, que Sax père avait trouvé, dès 1836, une méthode géométrique pour la division de l'échelle chromatique appliquée aux tubes cylindriques. Voici ce qu'en dit le célèbre acousticien Savart, dans son rapport sur l'Exposition industrielle de Paris, en 1839.

« M. Sax père nous a donné une preuve évidente et matérielle de la division des instruments à vent sur une flûte percée d'une vingtaine de grands trous, qui donnait la gamme chromatique la plus exacte et la plus pleine que nous ayons jamais entendue. Ces trous avaient été percés du premier coup sans tâtonnement et à l'aide de son compas. Il en est résulté pour nous la conviction que M. Sax possède la loi des vibrations d'une manière infaillible. »

### § 2. — Famille des hautbois.

Les progrès ont été considérables dans toutes les familles d'instruments à vent depuis environ vingt ans : celle des hautbois n'a pas reçu de moindres améliorations que les autres. Les questions de justesse et d'égalité ne sont pas les seules qui présentent de grandes difficultés pour ce genre d'instruments, car les considérations de doigter ne sont pas moins importantes. La famille des hautbois est composée du hautbois proprement dit, qui en est le soprano, du cor anglais, qui est l'alto, du baryton, véritable ténor de cette famille, du basson, qui est le violoncelle, et du contre-basson, dont l'usage ne s'est pas introduit en France.

Avant les dernières réformes, le hautbois ne descendait qu'à l'*ut* au-dessous de la portée ; beaucoup de hautboïstes le préfèrent dans la condition du nouveau hautbois, qui descend une tierce mineure plus bas, c'est-à-dire en *la*. En France, on préfère celui-ci, parce que le tube allongé pour les notes *la*, *si* bémol, *si*, améliore les notes *ut*, *ut* dièze, *ré* et *mi* bémol, dont le son est rauque dans les autres hautbois ; mais on objecte contre cet avantage l'altération du timbre naturel de l'instrument qu'a produit l'allongement du tube, parce que le cône de ce tube ayant été allongé pareillement, a dû recevoir un élargissement proportionnel à son développement.

La détermination de la position des trous du hautbois offre d'assez grandes difficultés, car bien que leurs distances soient en progression croissante, cette progression n'est pas régulière, à cause de l'inclinaison du cône du tube, et de son peu de largeur. Beaucoup d'instruments de cette espèce ont le *ré* du médium trop haut, et le *fa* dièze trop bas. M. Triebert, de Paris, qui suit, dans la construction de ses instruments les données théoriques de Bœhm, perfectionnées par lui, est parvenu à fixer les distances et les diamètres de quatorze trous qui font entendre douze demi-tons d'une justesse très-satisfaisante, non compris trois petits trous placés dans la partie supérieure du tube pour octavier. Dans les instruments construits par cet habile facteur, l'échelle chromatique des douze demi-tons se forme en fermant ou en ouvrant tous les trous dans leur ordre successif et régulier, de telle sorte que les monstruosités acoustiques des fourches et des demi-trous ont disparu. Depuis 1855, M. Triebert, tout en conservant les avantages de la nouvelle construction, est parvenu, par des soins délicats, à retrouver le joli timbre de hautbois français très-préférable au gros son des hautbois allemands, A l'égard du doigté, il a rendu faciles des successions de notes qui offraient autrefois de grandes difficultés dans la vitesse. Des combinaisons heureuses de clefs ont fait disparaître la nécessité de se servir du même doigt pour deux notes différentes et rapides.

Le cor anglais, instrument sympathique par sa qualité de son, mais très-imparfait autrefois, a été aussi fait par M. Triebert sur de meilleurs principes et dans des conditions normales. A l'égard du baryton, auquel l'habile facteur a donné les mêmes soins, il n'a pas encore trouvé d'emploi dans les œuvres des compositeurs modernes, parce que le premier basson remplit son office. Cependant les deux sonorités ont un caractère très-différent : il y a lieu de croire qu'un jour ce nouvel organe sonore s'introduira avec avantage dans l'instrumentation.

Le basson a été longtemps un instrument très-imparfait, en dépit de tous les efforts qui avaient été faits pour l'améliorer. Il a fallu le concours des artistes les plus habiles, réuni aux connaissances théoriques et pratiques des facteurs, pour atteindre le point réellement satisfaisant où le basson est aujourd'hui. Les difficultés consistent dans l'écartement des doigts, qui ne peut dépasser des limites assez étroites, et qui ne permet pas de placer les trous à la place régulière où ils devraient être, pour la justese des intonations. On a fait usage de la ressource des clefs pour les trous que ne peuvent atteindre les doigts ; mais les clefs ne doivent pas être trop multipliées, car elles ont aussi leurs inconvénients de plusieurs espèces. Le premier est la complication qui embarrasse l'artiste dans son exécution. Le clapotement des longues tringles qui font mouvoir les clefs est une autre imperfection, résultant de leur multiplicité. Il paraît que c'est à ces causes qu'il faut attribuer le retard qu'éprouve la mise en usage du basson exécuté par M. Triebert, d'après une nouvelle théorie des proportions, due à M. Bœhm, et pour lequel le facteur a fait de grandes dépenses. Le prix élevé de cet instrument en a sans doute aussi empêché le succès. Un basson d'un système plus simple, par le même facteur, a été jugé très-bon par le Jury. M. Jancourt, qui le jouait, a fait remarquer que des trilles, auparavant inexécutables sur le basson, étaient devenues faciles par les combinaisons de clefs.

Les hautbois et les bassons de M. Buffet-Crampon ont une bonne qualité de son, et sont satisfaisants pour la justesse.

M. Fr. Leroux aîné, de Paris, a exposé aussi des hautbois d'un joli son, et un bon cor anglais. M. Gautrot a exposé un basson assez juste et d'un son agréable.

M. Albert, de Bruxelles, a parmi ses instruments, placés à l'Exposition, un hautbois d'une bonne qualité de son, mais d'un timbre différent du son français. Les hautbois de MM. Ziegler, de Vienne, et Laussemann, de Linz, ont le caractère de la sonorité allemande, qui manque de charme ; mais ils sont assez justes. Le son du basson de M. Ziegler est bon, mais l'instrument manque de justesse.

### § 3. — *Famille des clarinettes.*

Peu d'instruments ont subi autant de transformations que la clarinette, depuis que Jean-Christophe Denner, de Nuremberg, eut tiré ce bel organe sonore du *chalmay* (le chalumeau) du moyen âge, en 1690. Un résumé de l'histoire de ces transformations a été donné dans le rapport sur l'Exposition universelle de 1855. On ne le reproduira pas ici, et l'on se bornera à l'examen de quelques améliorations nouvelles qui se sont produites à l'Exposition actuelle, particulièrement au point de vue du doigté et de la facilité d'exécution d'une multitude de traits, considérés auparavant comme difficiles ou impossibles.

Ce qui, nonobstant les grandes améliorations faites précédemment à la clarinette, a gâté ce bel instrument, c'est le défaut d'homogénéité de son timbre, et le défaut de justesse de certaines notes, telles que *mi* bémol, *mi* naturel, du chalumeau ou registre bas, et conséquemment *si* bémol, *si* naturel, à la double quinte ou douzième, de même que *fa*, *fa* dièze, de la deuxième octave. La clarinette même, à dix-sept clefs, perfectionnée par les travaux de MM. Sax, Buffet jeune, et Buffet-Crampon, sous la direction de l'excellent artiste, M. Leroy, présente encore ces imperfections; car, en essayant d'améliorer ces notes, on en gâtait d'autres.

Deux nouvelles réformes de la clarinette, entreprises dans le but de corriger ces défauts, se présentent à l'Exposition de 1867 : M. Romero y Andia, professeur de cet instrument au Conservatoire de Madrid, et M. Albert, facteur d'instruments à Bruxelles, en sont les auteurs. Leurs moyens sont analogues; ils ne diffèrent que dans le mode d'exécution. Tous deux ont amélioré, tant pour le timbre que pour la justesse, le *si* bémol, au moyen d'un trou spécial pour cette note, ce qui n'a pas lieu dans la clarinette ordinaire, où le même trou qui s'ouvre pour produire les douzièmes supérieures sert aussi pour la production de cette note. Dans la clarinette de M. Romero, le trou qui sert pour le *si* bémol s'ouvre en appuyant le doigt annulaire de la main droite sur le premier anneau du système Bœhm; par là, le trou des douzièmes est supprimé par une combinaison qui n'altère plus la liberté de la colonne d'air, et le trou du *si* bémol seul se ferme par une clef à bascule, mise en mouvement sans gêner le jeu du pouce et de l'index de la main gauche. L'avantage de l'un ou de l'autre système, pour la facilité d'exécution, ne peut être décidé que par des virtuoses clarinettistes.

Par le système Romero, les trois notes *sol* dièze, *la*, *si* bémol, de la deuxième octave, dont la succession a toujours été très-difficile dans la vitesse, est devenue beaucoup meilleure ; les trilles majeurs et mineurs sont aussi plus faciles sur les notes *fa*, *fa* dièze, *sol*, *sol* dièze, *la*, *si* bémol. Les mêmes avantages se trouvent également dans le système Albert.

En réunissant les deux corps du centre de la clarinette en un seul tube, M. Romero a pu percer un trou qui donne l'intonation juste d'*ut* dièze grave et de sa douzième, *sol* dièze, et, au moyen d'un mécanisme simple, il a obtenu de bons trilles sur les notes *si* bas, et sur sa douzième *fa* dièze.

Enfin, par les deux systèmes nouveaux, les vibrations de la colonne d'air n'étant plus troublées par des causes anormales, les sons du registre supérieur peuvent être joués avec douceur, et les accidents appelés vulgairement « couacs » ne se produisent plus. Nous avons été frappé de tous les avantages de cette dernière réforme de la clarinette. La clarinette de M. Romero a été exécutée sous sa direction par M. Bié, facteur d'instruments à vent, à Paris.

En dehors de ces nouveaux systèmes, de très-bonnes clarinettes, grandes et petites, ont été exposées par MM. Buffet-Crampon, Buffet jeune et Lecomte. Quant aux instruments de même espèce exposés par MM. Thibouville aîné, Martin frères, Gautrot, de Paris, M. Isidore Lot, de la Couture, et plusieurs autres, leur destination n'étant pas pour les artistes mais pour l'exportation, en quantité plus ou moins grande, ils sont inférieurs, soit au point de vue de la qualité de son, soit à celui de la justesse.

Le système allemand du son des clarinettes exposées par MM. Ziegler, de Vienne, et Lausmann, de Linz, n'a pu soutenir la comparaison avec celui des clarinettes françaises.

## § 4. — Instruments de cuivre.

La catégorie des instruments à vent en cuivre se compose de trois familles, dont l'usage est général dans les orchestres d'harmonie et de symphonie, à savoir les cors et cornets, les trompettes et trombones, et les bugles ou sax-horns, qui comprennent les sopranos, altos, ténors, barytons, basses et contre-basses. De plus, parmi ces instruments métalliques se place la famille des saxophones, instruments mixtes qui résonnent par les vibrations d'une anche, comme les clarinettes.

Le rapport sur la classe des instruments de musique de l'Exposition universelle de 1855 contient l'histoire des instruments de cuivre, depuis leur situation primitive jusqu'à leur transformation par l'invention des pistons et cylindres, ainsi que l'explication des effets de ceux-ci : le rapporteur de l'Exposition actuelle croit devoir renvoyer le lecteur à ce travail, et se borner ici aux modifications introduites dans cette catégorie d'instruments pendant l'espace de douze ans, telles qu'elles sont présentées aujourd'hui par les facteurs.

*Famille des cors et cornets.* — Par son importance dans les orchestres de symphonie, le cor est le premier des instruments de cuivre qui ait dû fixer notre attention. Il y a, en ce qui concerne cet instrument, un préjugé qui paraît invincible en France; le cor simple, ou sans piston, est le seul qui y soit estimé des artistes et des compositeurs. Les raisonnements sur lesquels s'appuie cette préférence consistent à dire que le son des cors à piston est inférieur à celui du cor simple, et que les combinaisons de pistons faussent la justesse des intonations : or, si ces reproches étaient fondés il y a quarante ans, lorsque le premier cor à piston fabriqué en France fut mis à l'Exposition de 1827, ils ont cessé de l'être depuis plus de dix ans ; ce qui n'empêche pas qu'on persiste à les répéter encore, à Paris particulièrement. Dans les premiers temps, les pistons étaient mal conçus, mal placés, fonctionnaient mal et nuisaient aux libres vibrations de la colonne d'air, d'où devait résulter un son qui manquait de pureté. De plus, n'ayant que des pistons descendants, c'est-à-dire qui allongeaient la colonne d'air pour baisser les notes d'un demi-ton, d'un ton, d'un ton et demi, au moyen de combinaisons entre eux, le cor manquait de justesse, parce que ces divers allongements de la colonne d'air n'étaient et ne pouvaient être dans des proportions exactes. Aujourd'hui, il n'en est plus ainsi, car la circulation de l'air dans le jeu des pistons est devenue parfaitement libre et régulière, et, par l'invention de la double action ascendante et descendante des pistons, on a fait disparaître de l'instrument toute cause d'altération de la justesse des intonations, attendu qu'il n'y a plus de combinaisons de plusieurs pistons pour la production d'une note quelconque.

Dans cet état de choses, le plus simple bon sens suffit pour comprendre que le cor à piston est infiniment préférable au cor simple, car il a toute l'échelle chromatique en sons ouverts, tandis que l'autre montre partout des lacunes déplorables. Dans son octave la plus basse, il n'a pas un son intermédiaire entre la tonique et son octave ; il n'en a qu'un dans la seconde octave, à savoir, la quinte; dans la troisième, il a la tierce majeure, la quinte juste et la septième mineure; enfin, ce n'est que dans la quatrième octave qu'on lui trouve une suite de notes ouvertes comme *ut*, *ré*, *mi*, *fa*, *sol*, *la*. Les autres intonations ne s'obtiennent que par le mouvement de la main qui bouche en partie dans le pavillon la colonne d'air, et baisse d'un demi-ton les notes ouvertes, en leur enlevant l'éclat de leur sonorité : on les appelle, à cause de cela, *notes bouchées*.

Il résulte de ce qui vient d'être dit que le cor-basse n'existe pas dans le cor simple, et que dans sa région élevée, appelée *cor-alto*, l'échelle chromatique se forme de sons de qualité différente, les uns ayant de l'éclat et de la puissance, les autres plus ou moins faibles et sourds. Voilà ce que les musiciens préfèrent, en France, à l'homogénéité du cor à piston. Tandis qu'on recherche dans une voix, dans un piano, dans un violon, dans une flûte, l'égalité de son et de timbre, pourquoi en est-il autrement du cor? La raison, le rapporteur croit pouvoir le dire, c'est qu'on joue mal le cor à pistons dans les orchestres français, et que la plupart des compositeurs ne savent pas écrire pour cet instrument. En Belgique, où les instruments de cuivre sont remarquablement bien joués, les cors à pistons sont excellents. Il n'y a nulle part de son plus beau, de justesse et d'égalité aussi satisfaisantes que dans les quatre cors à pistons du Conservatoire de Bruxelles. Le rapporteur ne cessera d'attaquer le préjugé répandu en France, et qu'entretiennent des critiques mal informés, contre l'adoption générale des cors à pistons.

Les cors simples, auxquels on donne en France le nom de *cors d'harmonie*, sont en petit nombre à l'Exposition ; les meilleurs instruments de cette espèce ont paru être ceux de M^me^ Besson et de M. Lecomte. M. Courtois, autrefois renommé pour la fabrication de ses cors, n'en a présenté qu'un seul, dont la sonorité est un peu mince. M. Kœstler, d'Eger (Bohême), en a exposé un sans pistons qui, sans corps de rechange, peut jouer dans six tons différents. Le système de cet instrument rappelle l'ancien *cor omnitonique* de feu Sax père. M. Kœstler a fait subir à l'embouchure du cor une transformation qui n'est pas heureuse, car son instrument a plutôt le son du bugle que du cor. Le *cor ténor* de M. Distin, de Londres, avec sourdine, est d'une sonorité bâtarde qui n'appartient ni au cor proprement dit ni à la famille des bugles. Un autre *cor ténor*, en *fa*, du même facteur, a une forme bizarre, avec un pavillon qui passe sous le bras. Sa sonorité se rapproche davantage de celle du cor ordinaire.

M. Cerveny, de Kœniggrätz (Bohême), facteur distingué d'instruments de cuivre, a exposé aussi un cor sans pistons, qui n'est pas le cor d'harmonie, mais un cor de chasse, différent par la forme de la trompe de chasse française. C'est un instrument de puissante sonorité.

Les cors à trois pistons exposés par MM. Martin (Jules),

Lecomte, Roth, de Strasbourg, et Franz Bock, de Vienne, sont de l'ancien système de pistons descendants et de combinaison. Celui de M. Jules Martin est particulièrement remarquable par sa bonne sonorité et sa justesse.

M. Sax, ayant appliqué au cor le système de pistons ascendants, dont il est l'inventeur, en a fait à trois, à quatre et à cinq pistons. Le cor à trois pistons indépendants représente quatre cors, à savoir : celui du ton de l'instrument et les tons de *fa*, de *mi* et de *ré*. Le cor à quatre pistons représente le ton de *ré* bémol, et le cor à cinq pistons, le ton d'*ut*. Dans chacun de ces tons se trouvent toutes les notes ouvertes du cor, parce que les tubes sont indépendants, et conséquemment les notes sont justes. Ayant toujours à sa disposition telle note de l'un de ces tons qui lui est nécessaire, l'artiste la produit immédiatement. M. Mohr, virtuose sur le cor et professeur au Conservatoire de Paris, enseigne aujourd'hui à ses élèves l'usage de ce nouvel instrument, ce qui promet à la France de bons cornistes pour ses orchestres.

*Les cornets.* — Le cornet à pistons, dont on n'aperçut pas dans l'origine la véritable destination, devait être le *soprano* du cor ; tel aurait été en effet son emploi, si les facteurs n'en avaient pas fait une sorte de trompette par ses tubes étroits et par la nature de son embouchure, lesquels produisent des sons stridents. De là vient que dans beaucoup d'orchestres on a remplacé les trompettes par des cornets, plus faciles à jouer, mais dont le son bâtard n'a ni la puissance ni le brillant éclat de l'ancien instrument. Dans l'origine, on voulut faire du cornet un instrument *sui generis*, destiné à faire briller l'habileté de quelques artistes dans des solos. Plus tard, on en fit l'instrument de la danse; on le prostitua jusque dans les guinguettes et les mauvais lieux. C'est par cette cause que la fabrication des cornets est devenue un des objets les plus importants du commerce des facteurs.

La quantité de cornets placés à l'Exposition est immense.

On en remarque de divers systèmes et de formes variées. L'idée des tubes indépendants, qu'on doit à Sax, a été appliquée au cornet par quelques facteurs, pour les rendre transpositeurs, au moyen de deux tubes de longueur différente, mis à volonté, l'un ou l'autre, en communication avec l'embouchure. La fabrication des cornets s'est généralement améliorée depuis 1855. Le Jury a remarqué, parmi ceux qui sont le plus satisfaisants par le timbre et par la justesse, les cornets de Mme Besson, ainsi que ceux de MM. Lecomte et Cie, Martin (Jules), Mahillon, Courtois, Labbey, Distin et Cerveny. Ces derniers sont très-justes, mais leur timbre est strident. Dans les cornets, comme dans tous les autres instruments de cuivre chromatiques, les facteurs allemands ont conservé l'ancien système de cylindres à rotation au lieu des pistons droits de la facture française.

A côté de la fabrication des instruments d'artistes se trouve celle des choses courantes et à bon marché. Les instruments de ce genre que fabriquent M. Gautrot et Thibouville sont dans de bonnes conditions relatives.

M. Sax, qui est artiste avant tout, s'est sérieusement occupé du perfectionnement du cornet. Ayant remarqué que les trilles, les groupes, les appogiatures, ont toujours une certaine roideur par le seul usage des pistons, dans lequel se fait sentir le changement de proportion de la colonne d'air, il a imaginé d'employer pour ces choses l'usage des clefs, qui, sur un petit instrument comme le cornet, n'ont pas les mêmes inconvénients que sur les grands tubes, tels que l'ophicléïde.

L'usage des clefs, pour les choses dont il vient d'être parlé, a sur les pistons l'avantage de ne point altérer la colonne d'air dans le passage d'une note à l'autre, et d'avoir plus de moelleux et d'homogénéité dans le timbre. La force de l'habitude et le peu de penchant qu'ont les artistes à se livrer à des études nouvelles, sont peut-être cause que les virtuoses n'ont pas encore adopté cet instrument perfectionné ; mais il y a lieu de croire que s'il ne devient pas populaire, il sera quelque jour, au point de vue de l'art, le cornet préféré.

*Famille des trompettes et trombones.* — Les trompettes et les trombones appartiennent à la même famille par la nature stridente de leurs sons. Le diapason des trompettes en fait le soprano et le mezzo-soprano des trombones, qui sont l'alto, le ténor et la basse de cette famille.

L'ancienne trompette droite a disparu de la plupart des orchestres, depuis qu'elle a été transformée en instrument chromatique par l'application qu'on lui a faite des cylindres ou des pistons; cependant, on en trouve encore en Autriche. M. Cerveny en a exposé d'une bonne sonorité, ainsi que M. Franz Bock, de Vienne, dont on a entendu une trompette en *mi* bémol très-brillante. Quelques-uns de ces instruments ont le tube trop large; tels sont ceux de M. Tomschik, de Brünn (Autriche), et de M. Jos. Farsky, de Pardubitz (Bohême). La sonorité franche de l'instrument en a souffert quelque altération, compensée par l'augmentation de ses ressources. On sait que la première idée des trompettes chromatiques consista à leur appliquer des coulisses, comme aux trombones, ce qui leur conservait le tube étroit, et, conséquemment, le caractère primitif de leur sonorité. L'inventeur de ce système fut un facteur de Hanau, nommé Haltenhoff. L'inconvénient de cet instrument consistait dans un ressort en spirale, d'une grande énergie, qui ramenait rapidement la branche mobile de la coulisse à sa position première, et opposait une forte résistance qui gênait la main dans ses mouvements pour prendre les diverses positions.

Débarrassée du ressort, la trompette à coulisse avait été conservée en France. Plusieurs instruments de cette espèce se trouvaient à l'Exposition de 1855; on n'en a point aperçu dans celle de 1867. M. Sax avait fait, vers 1856, un perfectionnement considérable aux trompettes et trombones à coulisse, en y ajoutant un piston descendant qui baissait ces instruments d'une quarte, et leur fournissait trois positions de plus que dans les trompettes et trombones à coulisses simples. Plusieurs facteurs ont emprunté ce moyen à M. Sax, pour l'appliquer aux diverses familles d'instruments de cuivre, et les rendre ainsi transpositeurs.

La trompette à pistons est devenue d'un usage à peu près général. Plusieurs facteurs en ont mis à l'Exposition. Nous avons remarqué particulièrement celles de M. Sax, de Mme Besson, ainsi que celles de MM. Labbaye, Courtois, Millereau et Gautrot. D'autres fabricants, tels que MM. Mahillon, de Bruxelles, Van Osch, de Münster, et Laussmann, de Linz, emploient de préférence, pour la trompette chromatique, les cylindres à rotation. Plusieurs autres ont présenté des trompettes à transposition d'une quarte inférieure, d'après l'invention de M. Sax.

— Les trombones, comme les trompettes, se distinguent en deux espèces principales, entre lesquelles il y a des variétés. La première comprend les trombones à coulisses ; l'autre, les trombones à pistons. Les uns comme les autres ont leurs avantages et leurs inconvénients, lesquels résultent de leur système de construction. Le trombone à coulisses ne pourrait servir pour l'exécution d'une multitude de traits qui se jouent avec facilité sur le trombone à pistons. Il ne peut lier les sons, comme sur celui-ci, sans faire entendre le passage d'une position à une autre, ce qui le rend incapable de chanter. Mais si on ne l'emploie que dans son domaine, comme l'ont fait Glück et Mozart, il y a, dans certains effets de sa sonorité, quelque chose de mystérieux qui n'existe pas dans les timbres des tubes plus larges du trombone à pistons, et sa justesse est plus pure. A vrai dire, ce sont deux instruments différents, qui pourraient être également utiles à la diversité des effets imaginés par les compositeurs.

Les meilleurs trombones à coulisses placés à l'Exposition, sont ceux de MM. Courtois, Lecomte et Cie, Millereau, et, relativement au prix, celui de M. Gautrot. Mme Besson a exposé un trombone à coulisses avec deux pistons pour faciliter l'émission de certaines notes, ainsi qu'un trombone à coulisses doubles pour la basse. M. Gautrot a aussi emprunté, dans le même but, à M. Sax, le piston qui descend l'instrument d'une quarte.

Voulant réunir, dans un seul instrument, les avantages du trombone à coulisses et du trombone à pistons, M. Sax a compris qu'il ne pourrait atteindre ce but que par le moyen de tubes indépendants, dont chacun correspondrait à une des positions du trombone à coulisses, et produirait, conséquemment, le son grave de ce tube et tous ses harmoniques. Six pistons correspondent à ces tubes. Dans ce système, les six pistons ascendants agissent toujours isolément, ne s'ajoutant jamais ensemble au corps principal de l'instrument ; les longueurs de leurs tubes restent donc toujours entre elles dans des rapports exacts. Les six pistons, divisés en deux groupes de trois, se placent naturellement sous les mains de l'exécutant, et la forme nouvelle de l'instrument a été calculée pour qu'il pût être assujetti solidement sous le bras gauche, en laissant aux mains leur liberté. Cette création du génie de l'artiste est postérieure de plusieurs années à l'Exposition de 1855.

*Famille des bugles ou saxhorns.*— Ce n'est pas sans difficulté que le rapporteur peut classer les instruments de cette catégorie, parce que plusieurs facteurs ont affecté dans ces derniers temps d'en varier les formes et les noms. M. Cerveny, de Kœniggrätz, M. Distin, de Londres, et M. Schreiber, de New-York, se sont fait remarquer particulièrement par des formes singulières, où la fantaisie paraît avoir eu plus de part que la nécessité. Au résumé, tous les instruments de cuivre à tubes larges et à pistons, quelque forme, quelque nom qu'on leur donne, appartiennent aux classifications naturelles de *suraigus, sopranos, altos, ténors, barytons, basses* et *contre-basses*. Peu importe donc qu'on appelle *euphonium* le baryton, *helicon* la basse, *bombarde* ou *bombardon* la contre-basse ; peu importent les formes plus ou moins bizarres sous lesquelles on les déguise, ils ne représentent, dans leur grosse sonorité, que les voix de baryton, de basse et de contre-basse des bugles ou saxhorns.

Le service le plus important rendu aux artistes qui jouent ce genre d'instruments, on le doit à M. Sax, qui, les réunissant en famille, à cause de la parenté du timbre, les dessina d'une manière analogue dans tous leurs diapasons, et leur donna un doigté identique ; de telle sorte que, sauf la différence d'embouchure, nécessairement appropriée à la taille de l'instrument, tel musicien qui joue le soprano peut jouer également l'alto, le ténor, le baryton, la basse et la contre-basse.

Dans la grande quantité d'instruments de cette espèce, qui figurent à l'Exposition, il en est beaucoup dont la sonorité ou la justesse sont défectueuses, ou qui même ont les deux défauts réunis. Plusieurs facteurs ont exagéré les proportions des tubes des basses, dans le but d'atteindre à une puissance formidable ; leur erreur, à cet égard, est complète ; d'abord, parce qu'aucun instrument ne doit avoir dans l'ensemble une puissance sonore en disproportion avec les autres ; en second lieu, parce qu'il n'est pas de poitrine humaine qui puisse fournir un souffle suffisant aux notes graves de ces monstres sonores. De là venait que les artistes qui les jouaient devant le jury ne les faisaient entendre que dans le medium. En vain le rapporteur les invitait à jouer les notes de l'octave la plus grave ; aucun ne parvenait à les faire résonner avec un caractère d'intonation déterminée.

Le moyen imaginé par M. Sax pour porter une grande puissance de son sur un point donné par les instruments, sans augmentation de fatigue pour les exécutants, est beaucoup plus rationnel et plus ingénieux : il consiste à rendre les pavillons mobiles sur leur axe, et à leur donner une forme recourbée, de telle sorte qu'on puisse donner à ces pavillons telle inclinaison et telle direction voulue. Nous avons pu constater, par les expériences faites devant nous, que la puisssance sonore est au moins doublée quand l'auditeur est dans la direction de l'ouverture du pavillon.

Les meilleurs saxhorns ou bugles des voix de soprano, contralto, ténor, baryton, ou basse et contre-basse, soit sous le rapport du timbre, soit sous celui de la justesse et de la netteté d'articulation, sont ceux de MM. Sax, Courtois, Lecomte et Cie, Martin (Jules), Millereau, Mahillon, Mme Besson, MM. Bohland, de Graslitz, Cerveny, de Kœniggrätz, Distin, de Londres, et Laussmann, de Linz. Les basses de M. Sax sont les meilleures de l'Exposition.

*Famille des Saxophones.*— A vrai dire, la famille des saxophones, inventée par M. Sax, appartient à la catégorie des instruments à anches plutôt qu'à celle des instruments de cuivre, bien que ce métal en soit la matière, car le producteur du son est une anche battante contre un bec semblable à celui de la clarinette. C'est, en effet, dans cette catégorie que les saxophones sont placés dans le rapport de l'Exposition de 1855 ; mais le Jury de 1867, les ayant entendus pendant l'examen des instruments de cuivre où ils sont placés, le rapporteur croit devoir mettre cette famille parmi ceux-ci.

Nous reproduirons quelques passages, qui, dans le rapport de 1855, concernent cette intéressante et nouvelle famille d'instruments :

« Le saxophone est un cône parabolique en cuivre, dans lequel les intonations se modifient par un système de clefs. Ces clefs sont au nombre de 19 à 22, suivant les individus de la famille. Essentiellement différent de la clarinette par les nœuds de vibration de sa colonne d'air, le saxophone est accordé par octaves ; en sorte que toutes les octaves sont justes, ce qui n'a pas lieu dans la clarinette. Toutefois, le saxophone jouit de la faculté de donner, dans une grande partie de son étendue, l'harmonie de la douzième, ou octave de la quinte. »

« Le son du saxophone est le plus beau, le plus sympathique qu'on puisse entendre. Il compose une famille complète qui se divise en huit variétés, lesquelles sont toutes à la quinte ou à l'octave les unes des autres. »

« L'examen attentif de la famille des saxophones révèle des faits de haute importance, car cet instrument est nouveau par les proportions de son tube, par sa perce, par son embouchure, et particulièrement par son timbre. Il est complet, car il embrasse, dans l'ensemble de ses variétés, de l'aigu au grave, tout le diagramme des sons perceptibles. Enfin, il est parfait, soit qu'on le considère aux points de vue de la justesse et de la sonorité, soit qu'on l'examine dans son mécanisme. Tous les autres instruments ont leur origine dans la nuit des temps; tous ont subi de notables modifications à travers les âges et dans leurs migrations ; tous enfin se sont perfectionnés par de lents progrès ; celui-ci, au contraire, est le fruit d'une seule conception, et dès le premier jour, il a été ce qu'il sera dans l'avenir. »

## CHAPITRE V.

### INSTRUMENTS DE PERCUSSION.

#### § 1. — *Instruments sonores.*

Depuis longtemps, des études sont faites en France pour donner aux cymbales la sonorité brillante et argentine des cymbales turques. L'analyse chimique de la composition du métal de celles-ci a été faite avec soin, et l'on a la connaissance certaine des proportions du mélange dont elles sont formées. Néanmoins un succès complet n'a point encore couronné les essais persévérants auxquels on s'est livré. Ce qui paraît aujourd'hui hors de doute, c'est que la belle sonorité des cymbales turques est le résultat du travail du marteau des ouvriers musulmans. Le Jury de la classe 10 a pu faire la comparaison de cymbales fabriquées par M. Gautrot, et supérieures à ce qu'on avait fait précédemment en France, avec une paire de cymbales turques exposées par M. Kenropé-Zidji, de Psamatia (Turquie) ; il a acquis la conviction que, nonobstant les progrès réalisés par M. Gautrot, ses cymbales n'égalent point encore la finesse, la distinction, ni la brillante résonnance de celles avec lesquelles la comparaison avait été faite.

M. Grappin, d'Auxerre, a exposé aussi des cymbales qui ne sont pas sans mérite, mais dont la résonnance est plus courte que celle des cymbales de M. Gautrot. Enfin, une paire de cymbales en acier a été soumise à l'examen du Jury, qui n'a pas cru devoir encourager cet essai, duquel on ne peut rien attendre de comparable même aux cymbales françaises en métal composé.

Les crotales ou instruments à sonnettes, qui parfois s'adjoignent aux corps de musique militaire, ne sont guère susceptibles de progrès. Plusieurs figurent à l'Exposition, mais ils n'ont pas paru devoir fixer l'attention du Jury.

Au nombre des instruments de percussion se placent aussi certains appareils de lames de verre mises en vibration par l'action d'un clavier, tels que ceux qu'on entend dans le quatrième acte de l'*Africaine* et dans la *Flûte enchantée*. On leur donne communément le nom d'*harmonica*, quoique le son du véritable harmonica se produise par le frottement sur le verre et non par la percussion. M. Darche, de Paris, construit ces petits instruments avec beaucoup d'intelligence et de soins. L'attaque des marteaux est précisément ce qu'elle doit être pour produire une résonnance brillante et légère.

### § 2. — Instruments bruyants.

Les timbales tiennent la première place, au point de vue musical, parmi les instruments bruyants de percussion, parce que leur bruit est sonore et que leurs intonations sont déterminées et s'accordent avec les instruments de l'orchestre. La membrane qui recouvre la cuve hémisphérique, considérée comme le corps de l'instrument, cette membrane, disons-nous, résonne sous la percussion d'une baguette terminée par un bouton garni de peau. Les intonations de la membrane se déterminent par la tension plus ou moins forte qui se fait au moyen de vis mobiles. La difficulté de changer avec rapidité le ton de la membrane, en tournant toutes les vis placées sur la circonférence, a fait imaginer plusieurs moyens pour opérer la tension par un seul mouvement mécanique. Ces inventions étaient trop compliquées et n'eurent pas de succès. M. Gautrot et M. Martin ont mis à l'Exposition des timbales qui s'accordent par une seule vis : cette conception est ingénieuse, mais son défaut consiste en ce que la tension n'est pas égale sur tous les points de la circonférence, ce qui nuit à la sonorité déterminée de la note.

Au point de vue de la précision d'intonation et de la bonne sonorité, les timbales de M. Galeotti, de Crémone, sont les meilleures de l'Exposition. Elles sont d'un petit module et s'accordent avec facilité. Le son de chacune des deux timbales ne laisse aucun doute sur l'intonation, et a autant de précision qu'en aurait une corde pincée.

Les tambours ont été placés dans la classe 10 de l'Exposition ; il paraît cependant qu'ils se trouveraient mieux dans les attributions de l'autorité militaire que dans celles d'artistes musiciens. Quoi qu'il en soit, le Jury a rempli sa mission en ce qui concerne ces engins tapageurs, qui n'appartiennent à la musique que par le rhythme. Le Jury a donné d'abord son attention aux taroles de M. Grégoire. Ces taroles sont de petits tambours dont le volume n'est pas plus de moitié du tambour ordinaire ou caisse militaire. L'auteur voudrait voir le tarole adopté dans l'armée française, comme il l'est, dit-il, dans plusieurs contrées de l'Allemagne. N'ayant pas à donner d'avis sur cette question, le Jury s'est borné à constater que les taroles ont moins d'intensité que le tambour ordinaire.

Un nouveau système pour tendre les peaux des tambours par un seul mouvement est aussi exposé par M. Grégoire. Ce système a un avantage évident sur celui qui a été en usage jusqu'à ce jour.

Plusieurs grosses caisses ont été soumises à notre examen; elles n'ont plus aujourd'hui que la moitié de la longueur qu'elles avaient autrefois et n'ont plus de son. Lorsqu'on les frappe, elles ne font entendre qu'un bruit mat, comme celui d'une porte qu'on ferme avec fracas. Il est désirable qu'au point de vue de la musique, on revienne en France et en Belgique aux anciennes proportions de la grosse caisse sonore, telles qu'elles existent encore en Allemagne.

## CHAPITRE VI.

### INSTRUMENTS MIXTES ET MÉCANIQUES.

Les instruments mixtes sont ceux qui ont pour objet certains effets, soit de combinaison, soit d'imitation, et qui ne sont pas compris dans le domaine ordinaire de la musique. Un nombre immense d'instruments de ce genre ont exercé la capacité des inventeurs, leur ont occasionné des dépenses considérables en recherches et en essais, et tous ont disparu presque au moment même où ils naissaient, sans qu'il en restât un souvenir. Les choses de ce genre étaient en grand nombre à l'Exposition de 1855; elles sont plus rares à celle de 1867.

Le premier instrument qui se présente dans cette catégorie est le *piano-orgue* de M. Fourneaux. L'idée de l'union du piano et de l'orgue n'est pas nouvelle, car il y eut, dans les dernières années du XVIIIe siècle, des facteurs de piano qui construisirent des pianos organisés, lesquels étaient composés d'un piano carré placé sur un jeu de flûte dont la soufflerie était sous le pied du pianiste. Il était très-rare que les deux instruments fussent d'accord, à cause des changements fréquents de température qui faisaient monter ou descendre l'orgue, tandis que le piano restait invariable.

Le même inconvénient n'existe pas avec l'anche libre ; on réunit souvent un piano et un harmonium pour produire certains effets. On a pu réunir aussi leurs sonorités dans le même instrument, comme l'ont fait voir à l'Exposition de 1855 MM. Alexandre dans le *piano-mélodium*, et M. Debain, dans l'*harmonicorde*. Le piano-orgue de M. Fourneaux est une combinaison du même genre. Ainsi que ses prédécesseurs, ce facteur a fait un instrument d'exception qui peut produire des effets agréables, mais qui ne pourra devenir un objet de grande facture ni former une classe spéciale, n'ayant pas de place dans la musique proprement dite.

Le *piano-violon*, de M. Baudet, avait pour objet, suivant la pensée de l'inventeur, d'imiter, dans son harmonie, les effets du quatuor d'instruments à cordes ; mais comme tous les essais de ce genre tentés depuis le XVIIe siècle, celui-ci n'aboutit pas à son but. Comme toujours, la partie supérieure du clavier a le son de la vielle et non du violon : dans les accords du medium, on trouve une sonorité analogue à celle de l'harmonium. L'imitation des sons du violoncelle, en chantant, est la seule partie de l'instrument qui produit quelque illusion ; mais en cela il ressemble au mélophone.

Divers instruments nés du principe de l'anche libre et qui figurent à l'Exposition sous divers noms, comme *harmonica*, *harmoni-flûte*, *harmonicor*, etc., ont une sonorité agréable au premier moment d'audition mais ne tardent pas à fatiguer par leur monotonie. On ne peut les classer que parmi les instruments de fantaisie.

Le piano mécanique ou à manivelle de M. Debain a une destination spéciale, à savoir la danse. A défaut du piano ordinaire, ou plutôt de l'exécutant pour le jouer, le piano mécanique est une sorte d'orchestre de danse tout prêt.

Nous avons vu dans les divers compartiments de l'Exposition des pianos *automatiques*, *melodium*, à sons prolongés, *organium*, et autres, qui ne nous ont pas paru devoir être les objets d'un examen spécial dans le rapport.

La fabrication des orgues mécaniques a fait, dans l'espace des vingt dernières années, des progrès considérables. M. Kelsen, de Paris, se distingue particulièrement dans cette industrie. Après l'examen de ses instruments, on ne peut que répéter ici ce qui a été dit dans le rapport sur l'Exposition de 1855 : « La précision, la netteté de l'articulation, la variété des jeux qui se font opposition et donnent à la musique le coloris de l'orchestre ; enfin, l'harmonie élégante et correcte que l'instrument fait entendre, font beaucoup d'honneur à M. Kelsen et marquent un progrès incontestable dans cette branche de l'industrie instrumentale. »

Les *orchestrions* ou orgues automatiques et mécaniques du duché de Bade, sont aussi en progrès et sont devenus des instruments par le nombre des registres qui s'élèvent jusqu'à six ( petite flûte, hautbois, clarinette, basson, grande flûte et trombone, avec timbales et triangle). Les maisons Welte et fils, Heintzmann et fils, et Zähringer, toutes de la Forêt-Noire, fabriquent ces instruments sur une grande échelle et les expédient en Russie, en Angleterre, en Amérique et dans l'Australie.

Les boîtes à musique de la Suisse, lesquelles contiennent parfois un oiseau mécanique, sont de petites merveilles de précision, mais elles n'ont aucun rapport avec l'art, si ce n'est de faire entendre des airs connus avec leurs variations par de petits timbres que fait résonner un cylindre mis en mouvement par un ouvrage d'horlogerie. Il ne nous a pas paru qu'il y eût rien de nouveau dans les choses de ce genre : toutefois, le groupe II a reconnu l'importance de ces produits, au point de vue industriel et commercial.

# CHAPITRE VII.

## FABRICATION DE PARTIES DIVERSES ET D'ACCESSOIRES DES INSTRUMENTS.

### § 1. — Pianos.

L'industrie de la fabrication des pianos a pris de si grands développements à Paris, qu'elle s'est divisée en plusieurs industries spéciales, dont les produits se réunissent dans l'ensemble des instruments. Ces industries partielles sont elles-mêmes établies sur une grande échelle.

Les maisons les plus importantes pour la fabrication des mécaniques complètes de pianos sont celles MM. Rohden et Schwander, de Paris. Toutes les parties de ces mécaniques y sont faites avec beaucoup de précision et de fini; elles fonctionnent avec une grande régularité. Après ces maisons viennent celles de MM. Gerling et Kutt et Féchoz, de Paris, dont les produits sont également exposés, et qui se recommandent par leur bonne fabrication.

Les claviers des pianos sont aussi l'objet d'une industrie spéciale, dans laquelle se font remarquer les produits de M. Monti fils aîné, de Paris. Cette fabrication se divise même, car M. J.-F. Monti ne fait que les touches d'ivoire, et M. Chaudesson, que les touches d'ébène pour les dièses et les bémols.

Le feutre employé pour la garniture des marteaux de la mécanique des pianos est un objet d'industrie assez considérable. MM. Alessandri et fils, Fortin, Victor Barbier, tous de Paris, et Billion, de Saint-Denis, ont exposé de bons produits de ce genre.

Parmi les éléments de la facture des pianos, les cordes

métalliques, dont la percussion produit le son, occupent le premier rang. Deux grandes maisons sont en première ligne dans cette fabrication, à savoir : Poehlmann (Maurice), de Nuremberg (Bavière), et Debster, de Horsfoll (Angleterre). Leurs cordes d'acier fondu, soumises par nous à des expériences de résistance dans la tension par une machine à traction, ont donné les résultats du tableau suivant, où l'on voit, pour chaque numéro, le poids qui a déterminé la rupture de la corde.

| Cordes de M. Poehlmann. | | | Cordes de M. Debster. | | |
|---|---|---|---|---|---|
| Nos 12 | kilogrammes | 96 | Nos | . . . . . . . | . . . |
| 13 | — | 113 | | . . . . . . . | . . . |
| 14 | — | 132 | 14 | kilogrammes | 107 |
| . . . | . . . . . . . | . . . | 14 ½ | — | 107 |
| 15 | — | 146 | | . . . . . . . | . . . |
| 16 | — | 148 | | . . . . . . . | . . . |
| 17 | — | 156 | | . . . . . . . | . . . |
| 18 | — | 174 | 18 | kilogrammes | 137 |
| 19 | — | 178 | | . . . . . . . | . . . |
| 20 | — | 183 | | . . . . . . . | . . . |
| 21 | — | 246 | | . . . . . . . | . . . |
| 22 | — | 256 | | . . . . . . . | . . . |
| 23 | — | 280 | | . . . . . . . | . . . |
| . . . | . . . . . . . | . . . | 24 | kilogrammes | 290 |

On voit que depuis le n° 12 jusqu'au n° 18 compris, les cordes allemandes ont une supériorité considérable sur les cordes anglaises ; les proportions se rapprochent plus de l'égalité au fur et mesure de l'élévation du numéro, et au n° 24 elles sont à peu près exactement semblables.

Pour les cordes des notes les plus graves, les facteurs français, anglais et allemands font usage de cordes de laiton filées ; les facteurs américains, qui montent leurs instruments en numéros plus forts, emploient de préférence dans les basses des cordes d'acier filé.

### § 2. — Instruments à archet. — Cordes de boyaux.

La supériorité des anciennes cordes de Naples fut attribuée à diverses causes : on a cru, d'une part, que l'air pur de l'extrémité méridionale de l'Italie, dans lequel vit le mouton, donne à ses intestins une qualité spéciale qui exerce une heureuse influence sur la sonorité et la solidité des cordes fabriquées avec cette matière ; d'autre part, on a pensé, avec plus de vraisemblance, que les eaux vives, froides, presque glaciales, de Naples, dans lesquelles on fait macérer les boyaux, pour les dépouiller des parties graisseuses, est la cause principale de la supériorité des chanterelles de Naples pour l'éclat, la pureté des sons, ainsi que pour leur solidité. Les cordes françaises sont incontestablement mieux faites, mais dans les cordes italiennes la matière est supérieure. Très-habiles dans leur art, les fabricants français éprouvent de grandes difficultés à mettre obstacle à la putréfaction des intestins, à cause de la nature des eaux de Paris.

La maison L.-H. Savaresse et Thibouville, dont le chef, Henri Savaresse, a rendu de grands services à la fabrication des cordes françaises, soutient sa réputation par la bonne qualité de ses produits. Les chanterelles à quatre et à six fils exposées par cette maison sont claires, sonores, justes et solides, bien qu'elles n'aient peut-être pas l'éclat des meilleures cordes italiennes, à cause de l'infériorité de la matière. Les cordes à six fils ne sont composées que de trois intestins ; mais ceux-ci sont fendus dans leur longueur, et les deux moitiés sont réunies en sens inverse pour être filées. Par ce procédé, dont il est inventeur, Savaresse père a fait disparaître l'inégalité et le défaut de justesse, auparavant inséparables des cordes à trois fils, à cause de la conicité de l'intestin. A l'égard des autres cordes de violon, d'alto, de basse et de contre-basse, ainsi que des cordes de harpe, exposées par la maison Savaresse et Thibouville, ce sont des produits d'une qualité supérieure.

M. Baudesset-Cazottes, autre exposant de cordes harmoniques, a fondé, à Montpellier, une grande fabrique de ce produit, dans laquelle il occupe en moyenne un personnel de 80 à 100 ouvriers. Les bâtiments de cette usine sont vastes et divisés en plusieurs grandes salles, où la matière subit les divers genres de préparation nécessaires pour arriver à l'état de cordes prêtes pour l'expédition. Les eaux, dont l'établissement est abondamment fourni, paraissent avoir la qualité essentielle d'une grande fraîcheur. Les cordes de M. Baudasset-Cazottes qui ont été essayées ont de l'éclat et de la pureté.

Les expériences faites sur les cordes harmoniques (chanterelles) à quatre fils, en essayant trois cordes de chaque fabricant, pour avoir une moyenne, ont donné les résultats suivants de résistance :

| | | | |
|---|---|---|---|
| M. Eberlé (Charles), de Vérone : | 1re chanterelle. | kil. | 15 |
| — — | 2e | — | 6 |
| — — | 3e | — | 13 |
| M. Bichetti (Luigi), de Trévise : | 1re | — | 15 |
| — — | 2e | — | 9 |
| — — | 3e | — | 12 1/2 |
| M. Belta (Nicolas), de Vérone : | 1re | — | 12 |
| — — | 2e | — | 12 1/2 |
| — — | 3e | — | 10 |
| M. Tuzi (Pietro), de Perugia : | 1re | — | 14 |
| — — | 2e | — | 13 1/2 |
| — — | 3e | — | 10 |
| M. Ruffini, de Naples : | 1re | — | 14 |
| — — | 2e | — | 13 1/2 |
| — — | 3e | — | 13 1/2 |

Un inconnu, dont les cordes ont été trouvées à l'Exposition sans aucune indication, est arrivé à des résultats supérieurs à tous les autres, et même tout à fait extraordinaires. Les voici :

| | | | |
|---|---|---|---|
| . . . . . . . . . . . . . . . | 1re chanterelle. | kil. | 15 |
| . . . . . . . . . . . . . . . | 2e | — | 15 1/2 |
| . . . . . . . . . . . . . . . | 3e | — | 17 1/2 |

Les chanterelles de MM. Savaresse et Thibouville ont donné en moyenne une résistance de 13 kilogrammes 1/2 ;

celles de M. Baudassé ont résisté en moyenne jusqu'à 13 kilogrammes.

§ 3. — Agents de la production des sons. — Archets.

L'importance de la forme, de la matière, des proportions et du poids de l'archet, est connue de tous les artistes qui jouent des instruments à cordes : les virtuoses ont à cet égard une sensibilité de tact qui leur fait découvrir immédiatement les qualités ou les défauts d'un archet, lorsqu'ils le font agir sur les cordes ; mais le jugement qu'ils en portent est purement empirique ou sentimental.

Les formes de l'archet ont souvent varié avant qu'on fût fixé sur ses conditions essentielles. Jusqu'en 1775, ni la longueur des archets, ni leur poids, ni leurs conditions d'équilibre dans la main, n'avaient été déterminés ; ce fut un ouvrier français, François Tourte, qui les fixa par son esprit d'observation, et qui les réalisa avec une supériorité incontestable par son habileté de main. Éclairé par les conseils des artistes célèbres dont il était entouré, Tourte fixa la longueur de la baguette pour l'archet de violon à 74 ou 75 centimètres, y compris le bouton ; celui de l'alto à 74 centimètres, et celui du violoncelle à 72 ou 73 centimètres. Ce fut alors aussi qu'il détermina la distance du crin à la baguette par les hauteurs de la tête et de la hausse, et qu'il obtint par ces proportions l'angle nécessaire au crin pour l'attaque des cordes, en évitant l'inconvénient que celles-ci fussent touchées par la baguette. Dans ces archets, la tête, plus élevée qu'autrefois, et conséquemment plus lourde, obligea Tourte à augmenter d'une manière sensible le poids de la partie inférieure, afin de rapprocher de la main le centre de gravité et de mettre l'archet en équilibre parfait.

Les précieuses qualités des archets de Tourte en ont fait élever le prix à l'excès, après sa mort ; on les vend habituellement 250 à 300 francs. En 1865, un archet de violon fait par lui a été payé à Londres 20 livres sterling (500 francs). Voulant procurer aux artistes de bons archets à des conditions beaucoup moins onéreuses, M. Jean-Baptiste Vuillaume ne s'est pas borné à imiter au hasard le travail de Tourte, comme les autres fabricants d'archets : avec une persévérance digne des plus grands éloges, il a étudié les lois de la courbe de la baguette et des décroissances progressives de ses épaisseurs, depuis la hausse jusqu'à la tête, et les a déterminées par des procédés graphiques dont les résultats sont : 1° le profil de l'archet est une courbe logarithmique dont les ordonnées croissent en progression arithmétique, tandis que les abscisses croissent en progression géométrique ; 2° en divisant la longueur de la baguette en dix points conformes à ces progressions, on trouve qu'à chacun d'eux le diamètre de l'archet est successivement réduit de $\frac{3}{10}$ de millimètre.

En possession de ces lois, M. Vuillaume fait avec certitude des archets dont les qualités égalent ceux de Tourte, ainsi que le prouvent les beaux modèles qu'il a mis à l'Exposition.

Les archets destinés aux musiciens dont le talent n'égale pas celui du virtuose, ceux enfin qu'on trouve dans le commerce, ne sont pas fabriqués avec la précision dont il vient d'être question. Le bois dont ils sont faits est aussi de qualité inférieure ; mais il a été fait beaucoup de progrès dans la fabrication de ce produit pendant les vingt dernières années. Les archets de cette espèce mis à l'Exposition ont des qualités suffisantes pour l'orchestre.

### § 4. — Instruments à vent, en bois. — Anches.

Les anches de hautbois, clarinettes et bassons, sont à l'époque actuelle inférieures à ce qu'elles furent autrefois, bien qu'elles soient mieux faites au moyen de nouveaux procédés mécaniques. Cette infériorité est préjudiciable au talent des artistes : elle provient de la qualité du roseau, souvent médiocre, parce que la grande consommation qui en est faite dans les deux mondes oblige à le couper avant qu'il aît atteint l'âge d'une complète maturité.

Les facteurs d'instruments en bois fabriquent aussi les anches, mais la plupart des hautboïstes, clarinettistes et bassonistes, ont les outils nécessaires pour ce genre de fabrication et font eux-mêmes les anches de leurs instruments. Il en est qui ont acquis beaucoup de dextérité dans ce travail, mais ils n'ont pas comme les facteurs les relations nécessaires pour se procurer le roseau de meilleure qualité.

Une industrie spéciale de la fabrication des anches s'est élevée par la nécessité de procurer aux artistes ces accessoires indispensables de leurs instruments dans de bonnes conditions. Deux procédés sont employés dans cette fabrication : le plus expéditif est celui d'une mécanique qui fait la plus grande partie du travail ; les anches faites par ce procédé sont ensuite terminées par les soins de l'ouvrier. L'autre mode de fabrication est plus lent et exige plus de travail, car l'anche est dégrossie et finie à la main. La fabrication à la mécanique a pour elle le bon marché, car les anches ne se vendent qu'environ le tiers du prix des anches faites à la main. Celles-ci, particulièrement les anches de clarinette, sont préférées par les artistes les plus distingués lorsqu'elles ont été confectionnées par des mains habiles. M. Massabo, de Paris, est particulièrement renommé pour la bonté des anches fabriquées de cette manière : son nom ne figure pas au Catalogue de l'Exposition ; mais le rapporteur a pu constater l'excellence de ses produits, malheureusement présentés trop tard à l'examen du Jury.

M. Kroll, de Paris, fabricant d'anches à la mécanique, a exposé de bons produits de ce genre pour les clarinettes, hautbois et bassons.

## CHAPITRE VIII.

### PUBLICATIONS MUSICALES.

§ 1. — Typographie de la musique.

L'application de la typographie à la musique commença dans le XVe siècle par quelques fragments gravés sur bois, pour des missels et pour le petit nombre d'ouvrages didactiques sur cet art, publiés dans le même siècle. La typographie musicale proprement dite, en caractères mobiles et métalliques, ne fut inventée que vers 1498, par Octavien Petrucci, de Fossombrone, et le premier produit de ses presses parut à Venise en 1500.

Dès le premier pas dans cette nouvelle industrie, Petrucci avait atteint la perfection pour la notation en usage de son temps. Bientôt ses procédés typographiques furent imités ou modifiés en Italie, en Allemagne et en France. Toute la musique imprimée dans le XVIe siècle est d'une remarquable beauté. Au XVIIIe siècle, la typographie de la musique déclina par degrés, parce que les éditeurs se mirent alors à la recherche de moyens économiques, soit dans le tirage, soit dans la qualité du papier.

Dans les premiers temps, l'impression de la musique en caractères mobiles ne fut appliquée qu'à la musique vocale. La musique d'orgue, de clavecin, et d'instruments à cordes pincées, ne s'imprimait qu'en tablatures, dont les lettres de l'alphabet et les chiffres, combinés avec certains signes, formaient la base. La lecture embarrassante de ces tablatures fit revenir à la notation musicale ordinaire pour la musique de clavecin et d'orgue, mais comme elle était surchargée d'ornements dont les signes étaient trop compliqués pour la typographie en caractères mobiles, on eut recours à la gravure au burin sur cuivre. Le premier ouvrage de ce genre, intitulé *Toccate d'Intavolatura d'organo di Claudio Merulo*, parut à Rome en 1598. Cet exemple fut souvent imité pour d'autres ouvrages de même espèce, pendant le XVII<sup>e</sup> siècle, et jusque dans le XVIII<sup>e</sup>; toutefois, le procédé de la gravure au burin était trop dispendieux pour être d'un usage général. On continua donc d'imprimer la musique par la typographie en caractères mobiles, mais dans des conditions de plus en plus mauvaises, soit par des caractères gothiques, comme ceux des Ballard en France, soit par les formes grossières de la typographie musicale de Hambourg.

Une réforme de cette typographie fut entreprise en Allemagne par Jean-Gottlob-Emmanuel Breitkopf, dont le premier essai fut publié à Leipzig en 1755. Les formes de ses caractères étaient celles de la musique manuscrite; leur aspect était satisfaisant, et le succès de cette réforme fut complet. Jusque vers 1810, on imprima une immense quantité de musique, avec les mêmes caractères, chez les successeurs de Breitkopf, ainsi que dans une grande partie de l'Allemagne. Aujourd'hui encore, ces mêmes caractères sont employés avec succès dans les livres didactiques et historiques sur la musique.

Dans le même temps où paraissaient en Allemagne les premiers essais de Breitkopf, Fournier dit *le jeune*, et les Gando, père et fils, entreprenaient une réforme semblable à Paris pour l'impression de la musique; mais un obstacle insurmontable se présentait alors contre ce mode de publication : un nouveau procédé de gravure pour la musique avait été découvert; il était économique et consistait à frapper les notes avec des poinçons sur des planches d'étain. La musique composée en caractères mobiles ne pouvait soutenir la comparaison avec la beauté de la musique gravée; on ne s'en servit plus que dans de rares occasions, pour les livres. Pendant plus d'un demi-siècle, la gravure française de la musique fut la plus belle que l'on connût en Europe.

Vers 1815, la décadence commença, parce que les éditeurs, pour augmenter leurs bénéfices, eurent recours à tous les moyens d'économie. On diminua par degrés la quantité d'étain dans les planches, et l'on augmenta celle du plomb; la gravure fut faite à vil prix par des femmes et de jeunes filles à peine instruites des procédés de leur métier; on économisa sur la qualité du papier et sur le tirage; enfin, on en était arrivé naguère à placer la gravure française de la musique au dernier rang de ce qui se fait en Europe dans ce genre.

Pendant ce temps, les grands éditeurs de musique allemands, après avoir adopté la gravure, qu'ils faisaient exécuter avec soin, y appliquèrent un des procédés de la sténographie, en faisant décalquer les planches sur la pierre et tirer à la presse sténographique. Par là ils obtinrent une économie sur le tirage, sans rien ôter à la beauté de la gravure. Dans quelques grandes entreprises, telles que la collection complète des œuvres de Bach, la maison Breitkopf et Hærtel, de Leipzig, a été la première à faire voir le plus haut degré où puisse parvenir l'impression de la musique, par la beauté de la gravure, par l'égalité du tirage et par les choix du papier.

A la vue de ces chefs-d'œuvre d'éditions de musique, on s'est ému à Paris de l'infériorité des éditions françaises; une réaction s'est opérée. M. Lemoine, éditeur de musique, à Paris, est un des premiers qui s'occupèrent d'une amélioration nécessaire, et qui fournirent de beaux modèles à leurs confrères. Feu M. Farrenc, qu'animait le seul amour de l'art, fit voir aussi, dans sa belle collection du *Trésor des pianistes*, qu'avec la volonté, le soin intelligent et la dépense convenable, on peut faire aussi bien en France qu'à l'étranger de belles et bonnes éditions. Ces exemples ont été suivis, et le goût de la belle gravure et de la belle impression de la musique s'est progressivement développé. Non-seulement M. Heugel a donné de belles éditions des sonates de Mozart pour piano et violon, d'une collection choisie des maîtres allemands, de la *Méthode de chant* du Conservatoire et des partitions du *Mignon* d'Ambroise Thomas, pour orchestre, et pour chant et piano, mais on lui doit le plus beau livre de luxe relatif à la musique qui ait été publié, non-seulement à Paris, mais en quelque lieu que ce soit. Ce livre a pour titre : *les Clavecinistes de* 1637 *à* 1790 ; *Histoire du clavecin ; portraits et biographies des célèbres clavecinistes*, par Amédée Méreaux. Paris, 1867, très-grand in-folio, aussi remarquable par la beauté du texte que par les portraits.

MM. Brandus et Dufour et Gérard et C^ie^, de Paris, se distinguent également par les soins qu'ils donnent à leurs publications.

L'Espagne, longtemps arriérée dans la typographie musicale, a fait dans ces temps des progrès très-remarquables, dont M. Boniface Eslava, de Madrid, a été le promoteur. Au nombre des belles publications qu'il a placées à l'Exposition, se trouve un grand ouvrage intitulé : *Methodo theorico-pratico-elemental de Organo*, par M. Paolo Hernandez, où la gravure, le papier et le tirage sont d'une beauté tout à fait exceptionnelle. Ce livre peut être mis au premier rang des chefs-d'œuvre de la typographie de la musique.

§ 2. — Traités pour l'enseignement de la musique.

Un très-petit nombre d'exposants d'ouvrages destinés à l'enseignement d'une partie quelconque de la musique ayant répondu à l'appel du Jury, le jour indiqué pour l'examen de ces livres, dont quelques-uns seulement furent mis sous ses yeux, le rapporteur ne peut parler que de ceux-ci, quel que soit son regret de passer sous silence d'autres ouvrages, parmi lesquels il en est peut-être d'une utilité digne d'intérêt.

Les travaux de Panseron pour l'enseignement de la musique, depuis ses éléments jusqu'aux parties les plus élevées de l'art, ont reçu l'approbation des maîtres ; ils sont répandus dans les écoles et jouissent d'une grande popularité. En plaçant ces ouvrages sous les yeux du Jury, sa veuve n'a fait que rappeler à chacun de ses membres le mérite distingué des œuvres d'un ami regretté.

*L'École du musicien, ou solfége théorique et pratique*, par M. Léonce Cohen, ancien pensionnaire de l'Académie impériale de France à Rome, a reçu les éloges de l'Académie des beaux-arts, de l'Institut impérial de France, ainsi que du Comité des études musicales du Conservatoire de Paris. Ces suffrages sont certainement suffisants pour constater le mérite de l'ouvrage; cependant, le rapporteur, interprète de l'opinion du Jury, croit pouvoir ajouter que les définitions de la première partie sont toujours précises et claires; que la graduation des leçons élémentaires de la seconde partie est parfaitement établie pour les difficultés; que ces leçons sont écrites dans des limites qui ne peuvent fatiguer les voix les plus jeunes, et que le soin qu'a mis l'auteur à indiquer les moments de respiration, en raison de la nature des phrases, est une bonne préparation à l'art du chant; enfin, qu'en écrivant pour la troisième partie de son livre des leçons sur toutes les clefs en usage dans la musique moderne, M. Cohen a contribué à ralentir la décadence de l'éducation musicale en France, laquelle n'est que trop rapide. On peut ajouter que le style de ces leçons est élégant, mélodieux, et qu'elles sont un témoignage certain de la solidité du savoir de l'auteur.

Trois méthodes de contre-basse sont à l'Exposition. La première en date est l'ouvrage de M. Gouffé, attaché à l'orchestre du théâtre impérial de l'Opéra et à celui de la Société des concerts. Cet artiste distingué fut le premier qui introduisit à l'orchestre de l'Opéra la contre-basse à quatre cordes accordées par quartes, à partir du *mi* grave. Par cette réforme, il augmentait l'étendue au grave et rendait le doigté bien plus facile que sur les contre-basses à trois cordes accordées par quintes dont faisaient usage tous les contre-bassistes français. Ce fut sur les instances réitérées de M. Gouffé que les contre-basses furent mises à quatre cordes à l'Opéra, ainsi qu'à l'orchestre de la Société des concerts. M. Gouffé a aussi amélioré le son de la corde grave *mi*, lequel était mou lorsque la corde était filée en fil de laiton, et dur quand elle était filée en acier. Avec l'aide de M. Bernardel, luthier à Paris, il parvint à faire revêtir la corde d'un double trait de cuivre et d'acier qui établit une compensation juste.

La *Méthode de contre-basse* de M. Gouffé est la première qui ait été publiée en France et adoptée pour l'enseignement dans les Conservatoires de Paris et de Bruxelles. Sa date est de 1839. Elle a beaucoup contribué au développement de l'habileté des contre-bassistes français de l'époque actuelle.

Après la méthode de M. Gouffé vient, dans l'ordre des dates, la *Méthode de contre-basse* de M. Charles Labro, professeur au Conservatoire de Paris. Cet ouvrage, publié en 1860, est méthodique et conçu sur un bon plan, particulièrement au point de vue des positions du doigté. L'auteur a fait évidemment une étude approfondie de toutes les ressources de son instrument. L'ouvrage est terminé par des exercices ou études, dans lesquelles toutes les difficultés inhérentes à l'instrument sont réunies.

M. Verrimst, contre-bassiste distingué de la musique particulière de l'Empereur, de la Société des concerts et de l'Opéra, est auteur d'une *Méthode de contre-basse à quatre cordes*, dans laquelle on remarque que si l'auteur s'occupe moins des positions que M. Labro, ses soins se portent davantage sur la qualité des sons, ainsi que sur les études relatives à cet objet. M. Verrimst s'attache particulièrement à l'étude des gammes, très-importantes en effet, comme sur tous les instruments, car c'est par les gammes souvent répétées, dans un mouvement lent, que l'élève acquiert le son et la justesse. Sa *Méthode* est terminée par vingt-cinq bonnes études sur tous les genres de difficultés, et par un concertino de bon style.

Le rapporteur croit devoir appeler l'attention des professeurs de contre-basse français sur la forme et la tenue de l'archet droit dont on fait usage en France Il est sans doute plus favorable à la légèreté que l'archet en arc, tenu avec la main renversée, de l'école de Dragonetti et de Müller, de Darmstadt; mais celui-ci a une énergie extrême et produit un son triple de celui que peut faire entendre l'archet français. Les contre-basses des bons orchestres de Londres et de celui du Conservatoire de Bruxelles ont une plénitude de sonorité qui est inconnue en France.

La *Méthode de harpe*, de M. Prumier père, et les *Études* spéciales de M. C. Prumier fils sont deux ouvrages de grand mérite, qui se complètent l'un par l'autre. Ancien élève de l'École polytechnique et de l'École normale, M. A. Prumier se livra dès sa jeunesse à l'étude de la harpe, et fut un des premiers professeurs qui adoptèrent la harpe à double mouvement de Sébastien Erard. Appelé au Conservatoire de Paris en 1835, pour y enseigner cet instrument, ce fut alors qu'il comprit la nécessité d'écrire une *Méthode* concernant l'emploi du nouveau mécanisme. C'est cet ouvrage, publié en 1865, que l'auteur a soumis à l'examen du Jury de l'Exposition. La réputation depuis longtemps faite de M. Prumier, comme professeur de harpe et comme virtuose, ne peut laisser de doute sur le mérite pratique de sa *Méthode,* et la solidité de ses études à l'École polytechnique ainsi qu'à l'École normale est une garantie de l'ordre des faits et du talent d'exposition qui se trouvent dans son ouvrage. Ces deux qualités y brillent en effet; la partie littéraire et la part de l'artiste y sont également remarquables. Si le rapporteur n'était retenu par les limites dans lesquelles il doit se renfermer, il entrerait dans une analyse plus développée de cet excellent travail.

Elève de son père et devenu lui-même un virtuose sur la harpe, M. C. Prumier, aujourd'hui premier harpiste du théâtre impérial de l'Opéra et de la Société des concerts, a écrit un recueil considérable d'*Études spéciales pour la harpe, sur les accords, les arpéges et les gammes, précédées d'une introduction pour l'instruction des élèves, complément de la Méthode de A. Prumier père*, etc. Ces deux ouvrages composent en effet un corps complet d'instruction pour les harpistes; rien n'y est oublié concernant tous les genres de difficultés, et l'expérience des moyens de les surmonter s'y fait remarquer à chaque page.

## CONCLUSIONS.

Des appréciations établies dans ce rapport, il résulte que la facture générale des instruments de musique est en progrès. En effet, on y constate :

1° Que les grandes orgues ont été perfectionnées dans l'alimentation du vent, laquelle était insuffisante dans les anciens instruments, et qui, aujourd'hui, est abondante et modifiée dans sa pression, à raison de la nature des jeux; dans la suppression de plusieurs jeux de mutation, dont la réunion nuisait à la pureté de l'harmonie; dans la séparation des jeux de nature différente sur des sommiers spéciaux; dans la création d'effets de sonorité auparavant inconnus, particulièrement dans les jeux de détail; par la facilité donnée aux claviers pour le toucher; enfin, par des pédales d'accouplement et de combinaison qui mettent à la disposition de l'organiste une multitude de moyens de variété, sans que les mains quittent les claviers;

2° Que l'harmonium, instrument relativement nouveau, est perfectionné dans sa facture et dans ses effets de sonorité, et qu'avec ses six ou sept jeux divisés en un certain nombre de registres, il possède aujourd'hui des moyens de variété qui n'appartiennent pas à son origine;

3° Que les pianos de diverses formes ont acquis une égalité de timbre, dans l'étendue de leur diagramme sonore, qui fut longtemps désirée avant d'être réalisée, et que leurs claviers ont, dans tous les instruments des grands facteurs, une sensibilité d'articulation qui met à la disposition des artistes les nuances les plus délicates; que de plus, par de nouveaux systèmes de construction, une augmentation considérable de sonorité a été trouvée, et prépare vraisemblablement une transformation nouvelle de ce genre d'instrument;

4° Que par les travaux de M. Jean-Baptiste Vuillaume, la facture des instruments à archet est parvenue à un degré de perfection égale à celle des produits des anciens luthiers de Crémone; qu'à un degré moins élevé, on trouve dans les produits d'autres luthiers des qualités très-estimables, et que dans la lutherie courante et à bon marché, les formes et le fini des instruments ont une grande supériorité sur ce qui se faisait autrefois;

5° Que les instruments à vent en bois et à anche ont progressé sensiblement, non-seulement au point de vue de l'égalité et de la justesse, mais aussi pour le doigté, devenu plus facile dans une multitude de traits et d'ornements, et rendant exécutable ce qui ne l'était pas auparavant;

6° Que dans la catégorie des instruments de cuivre, de nouvelles voix sympathiques ont été créées, et que toutes les familles qui composent cette catégorie ont reçu de notables améliorations dans la justesse, dans les facilités de mécanisme, ainsi que dans les moyens de transposition;

7° Que, à l'égard de la typographie de la musique, il est constaté qu'après avoir été longtemps dans une situation médiocre, elle a fait en peu d'années de remarquables progrès, et que, parmi les produits mis à l'Exposition, on trouve des ouvrages d'une beauté réelle.

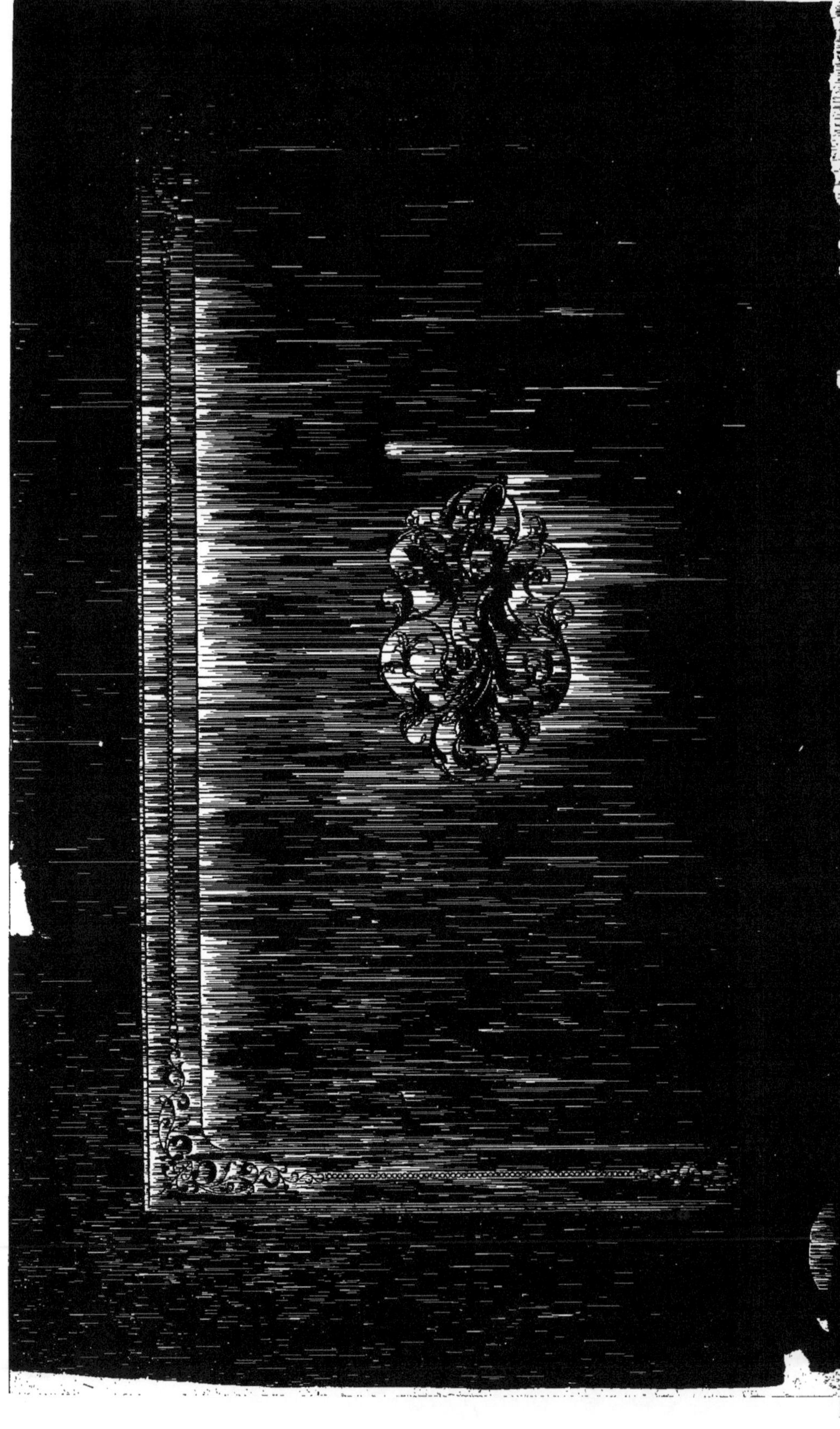

www.ingramcontent.com/pod-product-compliance
Ingram Content Group UK Ltd.
Pitfield, Milton Keynes, MK11 3LW, UK
UKHW020113240726
13926UKWH00011B/1205